Über dieses Buch

Seit jeher versucht der Mensch, seine Träume zu verstehen. Wie deutet man die nächtlichen Botschaften und was verraten sie über uns?
In diesem Buch erfahren Sie, wie Sie mit Ihrem persönlichen Traumfänger arbeiten und wie Sie sich Ihre Träume besser merken können. Es enthält zudem ein Lexikon häufiger Traumsymbole mit moderner Deutung.

Über die Autorin

Renate Schmidt ist psychologische Beraterin mit eigener Praxis in der Nähe von Zürich. Kontakt über den Verlag.

RENATE SCHMIDT

Traumfänger

Gute Träume • klare Visionen

KÖNIGSFURT-URANIA

Bibliografische Information der Deutschen Bibliothek
Die Deutsche Bibliothek verzeichnet diese Publikation in der Deutschen Nationalbibliografie; detaillierte bibliografische Daten sind im Internet über http://dnb.ddb.de abrufbar.

Originalausgabe
Krummwisch b. Kiel 2010

D-24796 Krummwisch
www.koenigsfurt-urania.com

Titelbild: Jessica Quistorff unter Verwenung eines Archivbildes und eines Bildes von © Maruba / fotolia.de
Layout und Bildauswahl: Antje Betken, Oldenbüttel
Abbildungen: s. Bildquellenverzeichnis S. 94f.
Texte unter Verwendung einiger Passagen aus »Klausbernd Vollmar / Johannes Fiebig: Traum und Traumdeutung«, © Königsfurt-Urania Verlag
Printed in EU
ISBN 978-3-86826-082-3 (Buch & Traumfänger im Set)

Inhalt

Traumfänger und ihre Geschichte

Seit Menschengedenken beschäftigen sich die Menschen mit ihren Träumen; seit Urzeiten gibt es auch Geschichten, die über schöne Träume, mitunter jedoch auch über angsteinflößende Nachtgesichter berichten. Und von Anfang an spielte der Wunsch, die Träume zu beeinflussen oder zu »sortieren«, eine große Rolle.

Die Indianer Nord- und Südamerikas gehörten zu den ersten Völkern, die Träume tatsächlich nutzten und Alpträume abwehren konnten. Ihre Lösung war der »Traumfänger«. Traumfänger – dream catchers – sind heute sehr populär. Viele Menschen gebrauchen sie einfach als Talismane oder als Schmuck. Manche hängen sie auch zum Schutz in ihr Auto. Doch die Geschichte der Traumfänger hat konkrete, spirituelle Hintergründe.

Interessanterweise gibt es wenig historische Belege über die Verwendung der Traumfänger bei den indianischen Ureinwohnern Amerikas. Noch weniger ist die Verwendung der Traumfänger bei den Aborigines, den australischen Ureinwohnern, belegt. So muss man sich weitgehend auf Legenden stützen, was die Geschichte der Traumfänger angeht.

Der erste Traumfänger

Eine der bekanntesten indianischen Legenden lautet wie folgt: Vor langer Zeit, als die Welt noch jung war, begab sich ein alter Schamane der Lakota auf einen hohen Berg. Dort hatte er eine Vision. In seiner Vision erschien ihm Iktomi (oder Ikotomi), der große Magier und Lehrer der Weisheit, in der Gestalt von Großmutter Spinne (in anderen Versionen der Legende ist allerdings von einem Spinnen-Mann die Rede, also vom Großvater Spinne; vielleicht stammt davon ja unser heutiger »Spider Man« ab).

Ikotomi sprach zu dem Ältesten in einer Sprache, die nur der Schamane verstehen konnte. Während er sprach, nahm Großmutter Spinne einen alten Weidenreifen, der mit Federn besetzt war, einige Pferdehaare,

Perlen und Opfergaben, und begann, ein Netz zu weben. Sie sprach zu dem Schamanen über die Lebenszyklen; darüber, wie wir unser Leben als Säugling beginnen und uns weiterbewegen zur Kindheit und dann zum Erwachsenenalter. Schließlich erreichen wir das Alter, wo für uns gesorgt wird und wo wir letztendlich den Zyklus vollenden und zurückkehren zu unseren Ahnen.

»Aber«, sagte dann Großmutter Spinne, während sie fortfuhr ihr Netz zu weben, »in unserer Lebenszeit begegnen uns Kräfte, einige gute und einige schlechte. Wenn du den guten Kräften zuhörst, werden sie dich lenken. Schenkst du aber den schlechten Kräften Aufmerksamkeit, werden sie dich fehlleiten, vielleicht sogar verletzen.« Die ganze Zeit, während Großmutter Spinne sprach, fuhr sie fort, ihr Netz zu weben, von der Außenseite beginnend zur Mitte hin. Als sie ihre Erläuterungen beendet hatte, gab sie dem Schamanen das Netz und sagte: »Schau, das Netz ist ein vollkommener Kreis, aber da ist ein Loch in der Mitte. Benutze das Netz, um dir und deinem Stamm zu helfen, eure Ziele zu erreichen und nutze die Ideen in sinnvoller Weise. Wenn du an den großen Geist glaubst, wird das Netz deine für dich wertvollen Visionen und Träume einfangen, während die, die dir schaden, durch das Loch in der Mitte verschwinden können.« Der Schamane gab seine Vision an sein Volk weiter, und von nun an gebrauchten die Lakota den Traumfänger als Netz des Lebens. Ursprünglich wurden sie aus Zweigen, Büffelsehnen und anderen Naturmaterialien, die eine bestimmte Symbolkraft besaßen, hergestellt. Großeltern bzw. Großmütter fertigten sie bei der Geburt eines Kindes an. Der Traumfänger sollte den Heranwachsenden während seiner Nachtruhe beschützen.

Böse Träume werden gefangen — und verbrennen in der Sonne

Andere Sagen und Legenden schreiben nicht den Lakota, sondern zum Beispiel den Ojibway- und den Anishnabe-Indianern, den mexikanischen Azteken oder den australischen Aborigines die »Erfindung« der Traumfänger zu.

Eine schöne Geschichte gibt folgende Sage wieder: Vor langer, langer Zeit war eine Familie in schrecklicher Not. Wohl führten sie ein gutes und aufrichtiges Leben, aber ihre Nächte waren von schrecklichen Träumen erfüllt. Der Vater, der keinen Ausweg sah, nahm seine Medizinpfeife und ging, um Rat zu suchen beim großen Geist. Ruhig saß er auf einem offenen, mit Präriegras bestandenem Feld, rauchte dabei und lauschte dem Flüstern des Windes.

»Ich kann dir helfen«, hörte er. »Wer spricht zu mir?«, fragte der Vater. Als er um sich sah, bemerkte er eine große Spinne, die auf einem Grashalm saß. »Ich bin es, die dich an gerufen hat. Ich habe eine Antwort auf deine Gebete. Ich will dich meine Medizin lehren. Die Verwirrungen in deinem Leben kommen nicht aus dir selbst. Es gibt Geister um dich herum, die nicht in Harmonie leben und die möchten, dass du leidest. Es sind böse Geister, dem Chaos entstammend, die dich während deines Schlafes heimsuchen.«

Während die Spinne dem Vater dies sagte, war sie geschäftig, zog zwei Grashalme zueinander und band sie mit Spinnwebfäden zusammen. »Du musst mir jetzt bestimmte Dinge bringen, damit ich dir helfen kann«, sagte sie. Der Vater ging fort und brachte, als er zurückkam, die Dinge mit, die die Spinne erbeten hatte. Zuerst legte er die Adlerfeder in das Gewebe. »Diese Feder bedeutet die Luft und die Geister der Lüfte«, sagte die Spinne. »Als nächstes soll der Stein in das Gewebe gebracht werden, dieser Stein bedeutet den Geist der Erde. Dann lege die Muschel in das Gewebe, diese Muschel bedeutet den Geist des Meeres. Zum Schluss lege die Perlenschnur in das Gewebe. Diese Perlen wurden im Feuer gebildet und bedeuten die Geister des Feuers.

Nun nimm diesen Fänger der Träume, der die Kräfte von Erde, Wind, Feuer und Wasser in sich trägt. Hänge ihn über dein Bett und du wirst gut ruhen. Weil friedliche Geister sich in einer geraden Linie fortbewegen, werden sie in den Träumen zu dir kommen können. Aber die chaotischen und bösen Geister können auf gerader Linie nicht vorankommen und werden in dem Gewebe eingefangen, wo sie festgehalten werden, bis die Strahlen der Sonne sie verbrennen.«

Traumfänger schenken Beruhigung

Der bekannte aztekische Schamane Xokonos erzählte der Autorin während eines Workshops in Zürich eine alte indianische Legende:
»Es war eine Ahnfrau, die sehr unglücklich war. Denn sie hatte ein Kind, das jede Nacht mit den Kojoten weinte, weil ihm im Schlaf böse Träume böse Geschichten erzählten. Und weil die Ahnfrau keine Hilfe mehr wusste, bat sie die Spinnenfrau um ihren Rat.

Die Spinnenfrau war viel älter als die Ahnfrau und von großer Weisheit. Sie bog aus dem Holz der Bäume, die am Wasser wachsen, einen

Sitting Bull, berühnter Stammeshäuptling und Medizinmann der Hunkpapa-Lakota. Das Volk der Lakota soll der Legende nach Traumfänger benutzt haben.

Ring, nicht größer als der Kopf des Kindes. Dann spann sie Fäden in den Ring, kreuz und quer. Als sie damit fertig war, focht sie Gegenstände von großer magischer Kraft in das Netz: die Rassel der Klapperschlange, die Wurzel einer Zauberpflanze, einen bunten Stein, die Haare des Bären und des Büffels. Und viele andere Gegenstände, alle von großer magischer Kraft.

»Nimm es und hänge es über die Wiege. So wird kein Traum mehr Kraft über dein Kind bekommen. Es wird bewirken, dass keine schlechte Energie mehr in euer Tipi kriecht, es wird alle diese Kräfte fangen und sammeln, und am Morgen werden sie mit der Nacht verschwinden. Zeige das Netz deinen Brüdern und Schwestern, und webt euch selbst Netze, damit die bösen Träume auch ihre Macht über deine Brüder und Schwestern verlieren.«

Und so ging die Ahnfrau in ihr Dorf zurück und tat, wie ihr geraten.«

In der Sprache der Azteken heißt ein Traumfänger Titlahtin. Das bedeutet: »Das, was mich beruhigt.«

Mehr Informationen über die Indianer Amerikas und die Geschichte ihrer Mythen und Träume erhalten Sie im Internet, zum Beispiel unter www.indianerinfo.de und www.coyote-online.de oder in den Büchern von Frederik Hetmann: Büffelfrau und Wolfsmann und Das Indianerlexikon.

Mit Marlo Morgan bei den Aborigines

Geschichtenerzähler besaßen nicht nur in der Vergangenheit eine oftmals große Bedeutung. Auch heute spielen sie nicht selten eine wichtige Rolle in unserer Gesellschaft. Wie zum Beispiel die amerikanische Bestsellerautorin Marlo Morgan.

Eines ihrer bekanntesten Bücher heißt Traumfänger. Es erzählt folgende Geschichte:

Die Ich-Erzählerin, eine angesehene amerikanische Ärztin, erhält das Angebot, ein paar Jahre in Australien zu arbeiten. Sie lässt ihre Praxis zurück und macht sich auf den Weg nach »down under«. Dort arbeitet sie mit jungen Halbblut-Aborigines und motiviert sie zu gemeinnützigen Projekten.

Alles läuft wunderbar, und so ist sie nicht verwundert, als sie eines Tages zu einem Treffen mit einem Aborigine-Stamm am anderen Ende des Kontinents gerufen wird. Sie schmeißt sich in ihre besten Sachen, nimmt den nächsten Flieger und wird am Hotel von einem Aborigine mit dem Jeep abgeholt.

Ihr ist nicht klar, dass dies der Beginn einer langen Reise zu sich selbst ist. In der Wüste angekommen, werden in einem Ritual des Stammes all ihre Habseligkeiten verbrannt, und man bedeutet ihr, sich einem »Walkabout«, einer Wüstenwanderung von ungefähr drei Monaten Dauer, anzuschließen. Ihr bleibt keine andere Wahl, denn alleine würde sie nie wieder den Weg zum Hotel finden. Damit beginnen die wohl intensivsten Monate ihres Lebens. Von vielen lieb gewonnenen Selbstverständlichkeiten muss sich die Ich-Erzählerin im Laufe dieser Reise verabschieden.

So erkennt sie etwa, dass die Ureinwohner Australiens weder Telefon noch vernetzte Computer haben, um Nachrichten auszutauschen. Auch die vielfältigen Heilmethoden des Aborigine-Stammes lernt sie kennen, ebenso die Art und Weise, wie hier jeder etwas zum Wohle der Gemeinschaft beizutragen weiß. Die verschiedensten Tiere und Pflanzen bieten sich im Laufe des Walkabouts den Hungernden als Nahrung an – und der verwöhnte Gaumen lernt Ameisen, Spinnen, Schlangen und Wurzeln als Delikatessen schätzen.

Schließlich lernt sie es, sich den Aborigines ebenbürtig zu erweisen, und kann zu einer Botschafterin des Stammes werden.

Catch your dreams – verstehe und verwirkliche deine Träume

Malo Morgan lässt offen, ob sich wirklich alles so zugetragen hat, wie sie es im Traumfänger beschreibt. Man hat sie einen modernen Karl May genannt – immerhin war der Sachse Karl May nie in Amerika gewesen und hat doch viel zum Verständnis der Indianer beigetragen. Das gilt, auch wenn unbestritten ist, dass er zugleich viele unzutreffende, romantische Klischees über die »Rothäute« in die Welt gesetzt hat. So mag es sich bei Marlo Morgan auch verhalten, nur dass sie nicht über die Indianer, sondern die Aborigines schreibt. Sie nennt die Inhalte des Buches »inspiriert« von ihren Erlebnissen in Australien.

Doch vielleicht ist es zweitrangig, ob sich alles wirklich so ereignet hat. Wichtiger ist die Botschaft, die wir daraus entnehmen. Zum Beispiel, dass wir mit unseren Träumen arbeiten und dass wir unsere Visionen einfangen sollten, um ein Leben zu führen, das Mensch und Natur wieder vereint.

Für die Autorin stellt der Roman, diese große Geschichte von Marlo Morgan, selbst so etwas wie einen Traum dar. Evelin Bürger und Johannes Fiebig deuten das Buch in der Zeitschrift »TraumZeit« so: »Es gibt da etwas, eine andere Kultur ›unten drunter‹ (down under), in der die Träume noch wichtig genommen werden, in der das Träumen wirkt und hilft.«

Marlo Morgan jedenfalls erzählt in ihrem Buch auch, wie sie ihren ersten Traumfänger bekam: »Jetzt ergriff die Seelenfrau meine Hand, zog mich zu den Bäumen und zeigte auf etwas, ich schaute nach oben, sah aber nichts. (...) Dann sah ich es – ein riesiges Spinnennetz. Es war ein dickes, glänzendes und komplexes Gebilde aus Hunderten gewebter Fäden. (...) Dann hielt sie die eingeölte Oberfläche des Tamburins hinter das Netz und machte eine schnelle Bewegung – das Spinnennetz war perfekt auf der gerahmten Tierhaut eingefangen. (...) Man wies mich an, mit meinem Traumfänger, dem Spinnennetz-Tamburin, zu tanzen. (...) Während ich mich bewegte, sollte ich mich ganz auf meine Frage konzentrieren und sie immer wiederholen ...«

Sie, liebe Leserin, lieber Leser, erhalten mit diesem Buch-Set ebenfalls Ihren persönlichen Traumfänger. Nehmen Sie ihn an, wie Marlo Morgan es beschreibt, die uns in ihren Büchern auch von der »Botschaft aus der Ewigkeit« berichtet, von den 10 Geboten der australischen Aborigines. Nach diesen »Geboten« kommt es darauf an, Geschichten zu erzählen, zu singen, zu tanzen und zu lachen.

Vom Umgang mit Träumen

Das A und O der Traumdeutung ist die Erinnerung an die nächtlichen Träume. Die Traumerinnerung fällt uns nicht einfach zu, denn allzu leicht lassen wir uns ablenken, und die Träume geraten in Vergessenheit. Schreibt man sie nicht nach dem Aufwachen direkt nieder (oder spricht sie auf Kassette), so können sie binnen weniger Minuten vergessen werden.

Am besten ist es, wenn Sie abends nicht zu müde und ohne viel Alkohol oder andere Genussmittel ins Bett gehen. Nehmen Sie sich vor dem Einschlafen ein wenig Mußezeit. Und planen Sie ebenso für die Phase des Aufwachens eine kleine kreative Besinnungszeit ein. Sie geben der Traumerinnerung Raum, indem Sie sich etwas Zeit für sie morgens nach dem Aufwachen nehmen.

Legen Sie vor dem Einschlafen einen Stift und Papier bereit oder stellen Sie einAufnahmegerät in Reichweite des Betts. Diese Utensilien benötigen Sie am Morgen (oder auch, wenn Sie während der Nacht aufwachen). Außerdem verstärkt schon dieses Bereitstellen der Hilfsmittel Ihre Aufmerksamkeit, die innere Bereitschaft, Träume wahrzunehmen und zu erinnern.

So erinnern Sie Ihre Träume

Ganz wichtig ist es, wie Sie morgens aufwachen. Wenn Sie morgens durch einen Radiowecker geweckt werden, der Sie mit den Nachrichten aus dem Schlaf holt, werden Sie Mühe haben, Ihre Träume zu erinnern. Alle plötzlichen und heftigen Signale, die Sie aus dem Schlaf holen, verscheuchen das Nachtbewusstsein.

Für jeden, der morgens zu einer bestimmten Zeit aufwachen muss, empfiehlt es sich, einen »sanften« Wecker zu benutzen – einen, der nicht zu laute Töne in Intervallen von sich gibt. Sie werden so allmählich und sehr viel geruhsamer aus dem Schlaf geholt und nicht gleich mit neuer Information konfrontiert. Wenn Sie also etwas Zeit zum Aufwachen einplanen und sich nicht zu schrill ins Wachbewusstsein rufen lassen, werden Sie unter diesen Aufwachbedingungen in der Regel zumindest Ihren letzten Nachttraum erinnern.

Eine andere Technik des allmählichen Übergangs zwischen Schlaf- und Wachzustand besteht darin, sich auf eine bestimmte Aufwachzeit zu programmieren. Diese Technik ist besonders dann relativ leicht zu erlernen, wenn man täglich zur gleichen Zeit aufstehen muss.

Man geht wie folgt vor: Wenn Sie morgens um sieben Uhr erwachen müssen, nehmen Sie sich vor dem Einschlafen vor, zehn Minuten vor dieser Zeit aufzuwachen. Sie sagen sich still im Inneren: »Ich wache morgen früh um zehn vor sieben auf.« Und dann schlafen Sie ein. Stellen Sie sich dennoch den Wecker auf sieben Uhr, so dass Sie nicht unter unnötigen Stress geraten. Nach einer bestimmten Weile werden Sie regelmäßig und ohne Probleme zu dieser Zeit aufwachen.

Nach dem Aufwachen kommt es darauf an, sich wenig und nicht zu ruckartig oder zu heftig zu bewegen. Solche Bewegungsimpulse könnten die Traumerinnerung stören. Stellen Sie den Wecker aus, und bleiben Sie die weiteren zehn Minuten bis zum Aufstehen ruhig im Bett liegen. Lassen Sie die Erinnerung an Ihre Träume hochsteigen. Auch wenn Sie vielleicht zunächst nichts Konkretes erinnern können, lassen Sie sich in Ihre Stimmung fallen und gehen Sie spontan aufkommenden Bildern und Gedanken nach.

Erinnern ohne Bewertung

Schreiben Sie das auf (oder sprechen Sie es auf das Aufnahmegerät), was von der Nacht übriggeblieben ist: ein Gefühl, eine Stimmung, Ideen oder Bilder. Zu beachten ist, dass dieser Vorgang möglichst »automatisch«, ungesteuert und unzensiert vonstatten geht. Wichtig ist, dass Sie zunächst Ihre Traumerinnerungen möglichst authentisch, das heißt möglichst echt und unverfälscht, zu Papier oder auf Kassette bringen. Selbst wenn die

Schrift Ihrer Notizen dadurch teilweise unleserlich bleibt oder wenn Ihr »Diktat« auf die Kassette etwas zusammenhanglos, eben schlaftrunken oder so gar »gelallt« wirken sollte: Streben Sie auf keinen Fall eine perfekte Story oder eine logische, zusammenhängende Geschichte an. Die Deutung und die Auswertung der Träume erfolgt erst viel später: Zum Beispiel, wenn Sie geduscht haben und beim Frühstück sitzen oder abends, wenn Sie von der Arbeit nach Hause kommen. Im Moment des morgendlichen Wachwerdens aber kommt es nicht auf Logik und nicht auf druckreife Sätze an. Hier zählt nur die möglichst große Nähe zur Traumerinnerung und zum Traumgeschehen selbst.

Erinnern Sie sich also an Ihre Träume zunächst völlig ohne jede Bewertung und Deutung. Notieren Sie Ihre Eindrücke, Erinnerungen und Gefühle beim Wachwerden »ohne Punkt und Komma«.

Ein Trick erleichtert die Traumerinnerung

Wenn Sie das regelmäßig tun, geht es Ihnen ähnlich wie beim Joggen: Sie trainieren Ihre Traumerinnerung und legen allmählich immer weitere Strecken ins Reich der Träume zurück. Es kommt dabei auf die Regelmäßigkeit der Beschäftigung mit der Traumwelt an. Eine kurze, möglichst tägliche Beschäftigung mit den Träumen ist der effektivste Weg. Allerdings sollten vor dem Aufstehen zehn Minuten für Traumerinnerung und kurze Notizen nicht unterschritten werden.

Ein kleiner Trick hilft Ihnen, sich noch besser an Ihre Träume zu erinnern: Jeder Mensch hat Vorlieben für bestimmte Schlafpositionen und dies sind jene Positionen, in denen wir träumen. Wenn wir uns nach dem Aufwachen wieder in unsere bevorzugte Schlafstellung begeben, erinnern wir unsere Träume leichter. Die Körperstellung im Bett ist ein Schlüssel zur Traumerinnerung. Wenn Sie Ihre Träume schon erinnert und notiert (oder auf Kassette gesprochen) haben, begeben Sie sich noch einmal in Ihre Lieblings-Schlafstellung. Oft fallen Ihnen dann neue Träume oder Details eines schon erinnerten Traums ein.

Das beflügelt Ihre Träume

- Hängen Sie Ihren Träumfanger in oder vor Ihrem Schlafzimmer auf.
- Legen Sie Stift und Papier bereit oder stellen Sie einen Kassettenrecorder mit einer Aufnahmekassette in Reichweite des Betts.
- Legen Sie sich abends nicht zu müde schlafen. Planen Sie für morgens etwas Zeit zwischen dem Aufwachen und dem Aufstehen ein.
- Genießen Sie die Zeiten vor dem Einschlafen und nach dem Aufwachen.
- Notieren Sie Träume möglichst »automatisch«, ohne große Logik oder Mühe.
- Nutzen Sie Ihre Lieblings-Schlafstellung.
- Eine kurze, möglichst tägliche Beschäftigung mit den Träumen ist der effektivste Weg. Devise: »Nicht immer, aber immer öfter.«
- Hängen Sie Ihren Traumfänger einfach über Ihrem Bett oder am Fenster oder an der Tür Ihres Schlafzimmers auf. Er funktioniert auch, wenn Sie ihn außen, vor der Tür des Schlafgemachs aufhängen. Innen fördert er jedoch leichter die Traumerinnerung, da Sie dort öfter auf ihn schauen. Ein kleiner Nagel oder eine Heftzwecke – und der Traumfänger baumelt an seinem Platz.

Traumsymbole

und ihre Bedeutung

A von *Aal* bis *Axt*

Aal: Penis- und Potenzsymbol, allgemein für Sexualität und Fruchtbarkeit. Siehe → Fisch, → Wasser, → Schlange. Auch: sich aalen – sich ausruhen, es sich bequem machen.

Abend: Ruhige Zeit. Lebensabend. Übergang zwischen Tag und Nacht. Feierabend.

Abfahrt / Abflug: Siehe → Abschied.

Abfall: Reinigungsbedürfnis. Wertvolle Entdeckung.

Abführmittel: Völlegefühl im Schlaf? Siehe → Bauch. Das Abführmittel symbolisiert das Bestreben des Träumenden, Konflikte zu überwinden und sich von unangenehmen Erinnerungen und von allen belastenden Gedanken und Gefühlen zu befreien.

Abgrund: Lebensschwierigkeit, kritische Situation. Chance. In die eigene Tiefe schauen.

Abhang: Angst oder Lust beim Aufstieg und / oder beim Fallen.

Ablehnung: Nähe oder Distanz wird gesucht.

Ablenkung: Zielkorrektur.

Abmagerung: Substanzverlust. Wunsch, weniger zu arbeiten.

Abschied: Änderung in der Lebensführung. Wunscherfüllung.

Abschuss: Pollutionstraum, sexuelle Aggression oder Befreiung. Ziellosigkeit als Problem.

Absperrung: Begrenzung, Einengung. Schutz.

Absturz: Warnung vor übertriebener Nüchternheit. Sie sollten sich fallen lassen.

Abt / Äbtissin: Archetyp des Seelenführers.

Abtreibung / Fehlgeburt: Die seelische Verarbeitung realer Erfahrungen. Angst vor ungewollter Schwangerschaft. Außerdem: Sie werden innere Konflikte los.

Abwässer: Sich fließen lassen. Ein Symbol des Schattens.

Adoption: Sie nehmen etwas Fremdes an. Sie geben Hilfe. Sehnsucht nach dem Kind in sich selbst.

Adresse: Eigene Adresse kann auf zu große Selbstbezogenheit deuten. Fremde Adresse: Sie sollten sich mehr auf sich selbst beziehen.

Affe: Regression. Sie könnten spielerischer und lustiger sein.

Afrika: Der dunkle Kontinent. Die eigene verborgene Seite. Der Trieb (Urwald, Dschungel).

Agent / Spion: Verweist oft auf zu viel Phantasie oder auf Unaufrichtigkeit.

Ähre: Symbol der Ernte und des Wohlstands, auch phallisches Symbol. Fruchtbarkeit des persönlichen Lebens.

Akrobat: Lust zu oder Angst vor riskanten Unternehmungen.

Akte/n: Wunsch nach oder Angst vor befriedigender Ordnung und Regulierung.

Traumsymbol Auge: Spiegel der Seele …

Aktie: Sehnen Sie sich nach großem Reichtum und leicht verdientem Geld? Suchen Sie Sicherheit, die jedoch nicht unbedingt gegeben ist? Oder möchten Sie nur an etwas Anteil nehmen? Woran wollen (oder sollten) Sie sich beteiligen?

Alarm: Es muss etwas aktiviert werden. Warntraum oder Kriegstraum. Neigen Sie dazu, bewusstes Handeln und unbewusste Stimmungen oder Wünsche zu sehr von einander zu trennen? Klingeln des Weckers.

Alchimist: Vergeistigung, Zusammenfügung innerer Kräfte, Veredlung des Charakters. Warnt vor zu abgehobener Romantik.

Alkohol: Vernebelung, Hemmungslosigkeit, Rausch. Ergriffenheit. Auch konkrete Warnung vor zu großem Alkoholkonsum.

Almosen: Ängste vor harten Zeiten oder Verarmungsängste. Warnung vor Kleinlichkeit, Geiz und Selbstbetrug.

Alphabet: Geistiger Reichtum. Rückkehr eines Freundes.

Altar: Heiliger Ort. Verwandlung und Erhöhung.

Alter / Greis / alte Frau: Haben Sie Angst, Ihre Attraktivität zu verlieren? Archetypisches Symbol der Weisheit.

Altersheim: Oft mit der Aufforderung verbunden, sich selbst so anzunehmen wie Sie sind, und geeigneten Zielen zu folgen.

Amazone: Betontes Verhältnis zu Frauen oder zur (eigenen) Weiblichkeit.

Amboss: Härte. Duldung. Widerstandskraft.

Ambulanz: Krankenwagen. Angst vor Unfall. Sie suchen Hilfe. Volkstümlich: schnelle Erfüllung der Wünsche.

Ameise: Im Traum als Störung des vegetativen Nervensystems gedeutet. Zugleich Symbol der Klugheit, der Kraft und der massenhaften, unterscheidungslosen Vielzahl.

Ampel: Verkehr, Stress. Ordnung. Ausdruck des Bedürfnisses, die Zeichen der Zeit zu verstehen oder gar selbst Zeichen zu setzen. Grün: Idee, Einsicht. Rot: Hemmungstraum. Jedoch auch eine Signalfarbe. Libido-Symbol.

Amputation: Verlustangst oder Hinweis darauf, sich von Überflüssigem zu trennen.

Amt: Ehrgeiz. Erstarrung. Konvention.

Ananas: Selbstbewusstsein, Lebensgenuss und Freude an Sexualität.

Andenken: Sie sollten etwas nicht verdrängen. Ferien oder andere Erinnerung.

Anfall: Ausbruch aus der Normalität. Bei Ekstase sexuelle Bedeutung. Bei sich wiederholenden Träumen von krampfartigen Anfallen sollte ein Psychologe aufgesucht werden.

Angel/n: Abhängigkeiten, oft mit sexueller Note. Gefühlstiefe. Beschaulichkeit.

Angriff: Meist Aggressionshemmung. Aber auch: verzweifeltes Suchen nach körperlicher bzw. persönlicher Nähe.

Angst: Verarbeitung vergangener oder kommender Erfahrungen. Angstträume sind ein Zeichen seelischer Arbeit, die zu leisten ist.

Anker: Selbstvertrauen. Aber auch: Stillstand.

Ansprache: Sie wollen mitteilen, überzeugen. Anspruch, anerkannt zu werden.

Anwalt: Hilfe und / oder geschäftliche Sorgen.

Anzug: Die konventionelle, eher unpersönliche Seite.

Apfel: Gesundheit und Natürlichkeit, auch Reichsapfel und Symbol der Unsterblichkeit (goldener Apfel). Verführung und Sexualsymbol für die Brust. Der Anblick und das Verzehren von süßen, reifen Sommeräpfeln ist gut; beides bedeutet reichen Liebesgenuss. Saure Äpfel dagegen bezeichnen Aufruhr und Streitigkeiten.

Applaus: Beifall. Eitelkeit aus Angst vor der Ablehnung oder vor dem Erfolg. Weist oft auf die Vermeidung von Kritik hin. Siehe ➤ Beifall

Aprikosen: Weibliches Sexualsymbol. Wohlergehen. Volkstümlich: Glück in der Liebe.

Aquarium: Künstlicher Lebensraum. Unnatürlichkeit, tiefes (verdrängtes) Verlangen nach natürlichem Leben.

Araber: Das Wilde, nach dem Sie sich sehnen.

Arbeit: Last und Mühe des Tages wird in den Schlaf mitgenommen. Abbild der Seelenarbeit im Traum. Wenn Sie die Arbeit oder das Handwerk, das Sie erlernt haben oder in dem Sie zur Zeit tätig sind, im Traum betreiben und ein Vorhaben glücklich zu Ende führen, so bringt das Segen.

Aristokrat: Minderwertigkeitskomplex. Nostalgie. Angst vor anstehenden Auseinandersetzungen.

Arm: Grundlage des Handelns: Sie ergreifen bzw. bekommen etwas in die Hand.

Armband: Bindung. Eigenständigkeit. Emanzipation.

Armut: Verborgene Bedürfnisse. Verlustangst. Angst vor Erfolg.

Arzt / Ärztin: Trost, Anteilnahme. Angst vor Schmerzen, Krankheit und Tod. Sie sollten versuchen, im Traum mit dem Arzt oder der Ärztin zu sprechen und ihn / sie über Ihren Zustand befragen.

Ast: Arbeitshilfe. Lebenskraft, Wachstum.

Astronaut/in: Bewusstseinserweiterung. Erkundung des »Jenseits«.

Athlet: Häufiges Traumsymbol, wenn Sie sich schwach fühlen.

Atombombe: Sorge um Menschheit oder um sich selbst. Suche nach dem eigenen Platz in der Welt. Wunsch, sich zu verewigen.

Auferstehung: Entwicklungsprozess. Phönix.

Aufführung: Öffentlichkeit, Ende der Heimlichkeit. Eitelkeit.

Aufruhr: Veränderung und Dynamik.

Aufstieg: Lohnt das Ziel den Aufwand?

Auftritt: Erfolgsangst oder generell Angst vor Misserfolg. Wo findet Ihr Auftritt statt?

Auge: Spiegel der Seele. Lebenswillen und Kraft des Herzens.

Auseinandernehmen: Nach innen schauen, verstehen und analysieren.

Ausflug: Bekanntes Traumsymbol in Zeiten der Überarbeitung.

Ausgrabung: Alte Emotionen (Verschüttetes) müssen bewusstgemacht werden.

Ausland: Das Andere und Fremde. Das fremde Land im eigenen Inneren.

Aussicht: Deutet fast immer auf die Zukunft hin.

Ausstellung: Exhibitionismus. Oder: Sie sollten mehr (von sich) zeigen.

Aussteigen: Flucht oder Abgrenzung.

Austern: Luxus, sozialer Aufstieg. Weibliches Sexualsymbol.

Ausziehen (Kleidung): Sie sollten sich offen zeigen.

Ausziehen (Wohnung): Familiäre Konflikte oder deren Lösung. Siehe → Aussteigen und → Ausland.

Auto: Eines der häufigsten Traumsymbole des modernen Menschen. Individualität. Statussymbol. Motorische Energie, die auch sexuelle Symbolik besitzen kann. Fahren Sie selbst oder werden Sie gefahren? Um welche Art von Auto handelt es sich? Was fällt Ihnen daran auf? Welche Farbe hat das Auto?

Autobahn: Lebensweg, auf dem Sie schnell vorankommen oder im Stau stehen. Auch: Naturferne.

Autofahren: Hinweis auf den eigenen subjektiven Bewegungsspielraum.

Automat: Langweilige Alltagsroutine. Unselbstständigkeit und Herzlosigkeit.

Autor/in: Selbstständigkeit. Eine Person, die ihr Leben selbst kreativ gestaltet. Wollen Sie jemandem gründlich Ihre Meinung sagen?

Autoschlüssel: Schlüssel zur Bewegung, eventuell auch zur inneren Bewegung und Betroffenheit.

Axt: Durchsetzungsvermögen. Grobschlächtigkeit.

Traumsymbol
Bahnhof:
Lebensreise …

B von *Baby* bis *Butter*

Baby: Kinderwunsch. Neuanfang. Erfolg und Entwicklung. Oder: Kindlichkeit des Träumers.

Bach: Fließen der Gefühle, sich loslassen. Die (eigenen) Gefühle verstehen!

Backen: Umwandlung. Häuslichkeit, Gemütlichkeit.

Backofen: Hitze. Triebe. Hunger. Verwandlung des Rohen in das Gare.

Bad: Reinigung, »Seelenpflege«.

Badezimmer: Reinigung. Erotik. Gefühle.

Bagger: Etwas aus der Tiefe hervorholen, Fundamente freilegen.

Bahnhof: Häufiges Traumsymbol. Lebensreise. Gesellschaft.

Bahnsteig: Auf dem richtigen oder falschen Bahnsteig stehen bedeutet, dass Sie sich etwas gönnen oder nicht. Ein menschenleerer, endloser Bahnsteig spricht für innere Einsamkeit und den oft noch unbewussten Wunsch, diese zu überwinden.

Balkon: Übersicht, Planung. In der Psychoanalyse Symbol der weiblichen Brust.

Ball (Spiel): Laufenlassen. Kindlichkeit. Selbstausdruck.

Ball (Tanz): Erotik. Freude. Gesellschaftliche Anerkennung. Auch: Intrige. Routine. Unpersönliche Rituale.

Ballon: Sie selbst waren oder sind oft schwermütig, jetzt liegt es an, dass Sie sich daraus erheben. Eine Ballonfahrt kann gefährlich oder faszinierend sein. Aufgeblasenheit. Oder: Zeichen der Freiheit und der Himmelsnähe (»Des Menschen Wille ist sein Himmelreich«).

Banane: Bekanntes Penissymbol. Als »Affennahrung« verweist sie auf den Mut zu lustvollem Quatsch und ausgelassenem Blödsinn. Schwarze Banane: Verkümmerte, unterdrückte Männlichkeit. Grüne Banane: Unentwickelte, unreife oder neuwerdende Männlichkeit.

Band / Schnur: Es kann auf den roten Faden durchs Leben verweisen wie auch auf die Entwirrung der Lebenssituation (Knäuel).

Bank: Verlustängste. Reichtum. Sicherheitsbedürfnis.

Bankrott: Verlustangst. Entschuld(ig)ung.

Bar: Der erotische Ort. Das Verbotene. Die Entspannung. »Bar jeder Vernunft«.

Bär: Große Kraft, Berserker. Teddy. Manchmal auch Schambehaarung.

Barfuss: Zurück zur Natur, zu den Wurzeln. Zeichen von Kraft und Urwüchsigkeit, infantilem Benehmen. Aber auch: Schutzlosigkeit. Sex ohne Verhütungsmittel.

Barriere: Persönliches Handicap. Eventuell als Begabung oder Aufgabe. Neue Chancen im sozialen Kontakt oder im Handeln.

Bart: Bekanntes Symbol männlicher Kraft und Potenz und Autorität. Symbol der Weisheit und des Alters, auch des Starrsinns.

Bau / bauen: Der Bau wie das → Haus symbolisieren fast immer den menschlichen Körper oder die persönliche Identität.

Bauch: Hier ist darauf zu achten, ob tatsächlich Störungen des Magen- und Darmbereichs vorliegen. Zeigt oft die Verbindung von Wille und Gefühl an. Symbol für den Mutterleib.

Bauer: Wunsch nach »einfachem« Leben. Persönliche Fruchtbarkeit. Ländliche Enge. Aber auch: Kultivierung des Landes. Schlauheit, Lebenserfahrung.

Bauernhof: Farm. Wendung zur Natur hin. Naturseite des Träumers. Das Natürliche (das Triebhafte und Tierische) muss geordnet werden. Annahme und Einordnung der Triebkräfte. Materieller Erfolg. Erdung und gute Gesundheit.

Baum: Schutz. Uraltes Symbol des Mensch-Seins. Je nach Zustand des Baumes: Symbol des Selbst. Lebensfreude. Mütterliche Geborgenheit, mütterliches Kreuz, an das Sie gebunden sind. Absterben einer zu engen Mutter- oder Vaterbeziehung.

Baumblüte: Glück, Fülle. Traum bei nächtlichem Samenerguss.

Baustelle: Bau. Wo ist der Plan? »Das Leben ist eine Baustelle.« Lebensplanung, Existenzaufbau und Persönlichkeitsentwicklung.

Beerdigung / Begräbnis: Häufiges Traumsymbol. Etwas wird beendet und abgeschlossen. Auseinandersetzung mit dem Tod. Endgültiger Abschied. Werden Sie selbst beerdigt, stirbt meistens das alte Ich ab.

Beeren: Freuden und Genüsse.

Begleiter/in: Seelenverwandter, Schatten.

Beichte: Entlastung. Ehrlichkeit.

Beifall: Von Neid und Eifersucht umgeben? Warnt vor Schüchternheit und vor Eitelkeit.

Bein: Lebenseinstellung und besonders die Erdung. Amputiertes oder gelähmtes Bein: Vom Leben abgeschnitten, depressiv und passiv. Auf die Beine kommen: Aufleben. Steifes Bein: Erigierter Penis.

Beischlaf: Sehnsucht nach oder Angst vor Ekstase und / oder Vereinigung. Die Liebespartner im Traum können verschiedene eigene Seelenanteile des Träumers darstellen.

Bekannte/r: Günstige Neuigkeit. Etwas Verlorenes wird wiedergefunden.

Beleidigung: Unzufriedenheit oder Überheblichkeit. (Seelische) Wunde oder Verwunderung.

Bellen: Warnung vor Gefahr. Aggression.

Benzin: Treibstoff. Körperliche oder seelische Energie. Lebensantrieb. Aus eigener Kraft.

Berg: Gebirge. Schutz und Bewusstsein. Hindernisse. Der Berg ist auch Symbol der Erde oder der Großen Mutter. Die weibliche Sexuallandschaft spiegelt sich in Höhlen, Hügeln und Spalten. Ein großer Berg kann für einen großen Busen stehen. Die Höhe der Berge und Felsen symbolisiert zusätzlich Autorität und Elternfigur aus der Sicht des Kindes. Eltern und Berge können uns erdrücken.

Bergkristall: Schatz in einer/m selbst. Reinheit des Verlangens. Suche nach Wahrheit.

Bergwerk: Versteckte oder noch verborgene Schätze / Talente.

Besen: Reinigung. Hexensymbol. Penissymbol und Zauberstab.

Bestrafung: Schlechtes Gewissen und Sadismus oder Masochismus. Moralische Probleme.

Besuch: Veränderung, Entwicklung, Übergangsstadium. Einsamkeit.

Beton: Unnachgiebigkeit, Gefühllosigkeit, Härte. Hässlichkeit. Abschirmung.

Betrug: Verweist oft auf sexuelle Hemmung. Mehr Courage. Oder: mehr Ehrlichkeit.

Bett: Sehnsucht nach häuslicher Erotik und Ruhe. Ort der Liebe, von Geburt, Hochzeit und Tod.

Bettler: Minderwertigkeitsgefühl, Verarmungsangst.

Beuteltier: Der Beutel ist oft Aufbewahrungsort ohne tieferen Symbolgehalt.

Bewerbung: Sie bemühen sich um etwas, das Sie nicht so leicht bekommen. Wofür?

Bibel: Buch der Wahrheit und Weisheit.

Bibliothek: Ort geistigen Lebens. Eigenregie.

Biene: Kesser oder arbeitsamer Mensch. Symbol der Weiblichkeit, der nährenden und göttlichen Kraft der Natur.

Bild: Nicht die Realität! Symbol des noch zu entwickelnden Selbst.

Bildhauer: Kreativität und Gestaltung der Materie trotz Widerständen.

Billard: Erfolg um mehrere Ecken. Spiel und Erholung. Etwas anstoßen.

Birke: Junges, schlankes Mädchen. Genügsamkeit. Zauberschutz.

Birne: Weibliches Sexualsymbol (wie alle → Früchte), eventuell Anfang einer Schwangerschaft. Verbotene, schöne Frucht.

Bischof: Verbindung zum Göttlichen. Ratgeber. Dogma. – Im Traum ansprechen und Fragen stellen!

Biss: Aggression, Zerkleinerung.

Blase: Luftblase: Überlebensfähigkeit, Überlebenskunst. Blase als Hautschwellung: Abwehr. Verletzung. Blase als Ausscheidungsorgan: Speicherung. Trennung, Loslassen.

Blasebalg: Anfeuerung der Triebkraft und Energie. Sich aufblasen und sich aufpumpen.

Blasinstrument: Musik, Entspannung, Kunstgenuss oder innerer Aufschrei.

Blässe: Angst, Krankheit oder Blasiertheit.

Blatt (einer Pflanze): Welkes Blatt: Sorgen. Grünes Blatt: Sie leben auf. Erfüllung eines Wunsches.

Blatt (Papier): Müssen Sie etwas unbedingt festhalten oder ausdrücken?

Blau: Farbe des Himmels und des Wassers. Zeichen guter Stimmung oder der Trunkenheit. Farbe der Kühle, des Versunkenseins und der Romantik. Symbolfarbe der Seele und des Geistes.

Blech: Formbarkeit, geringer Wert.

Bleistift / Füller: Nachricht beachten. Notizen anfertigen.

Blick: Was sollten Sie genauer betrachten? Von wem möchten Sie (mehr) gesehen werden?

Blindheit: Der Augenschein führt nicht weiter. Blindheit ist Symbol für Krankheit oder hohes Alter. Oft ist eine Elternfigur gemeint, die kurz vor dem »Sterben«, also schwach und nicht mehr allmächtig ist. Der Träumer möchte sich von den Eltern trennen. Hysterische Blindheit: Blind vor Angst, eine Bindung einzugehen.

Blitz: Plötzlicher Einfall. Lebensenergie, die in den Träumer hineinfährt.

Blösse: Häufig, wenn Sie etwas verstecken wollen.

Blume: Schönheit der (eigenen) Natur und der Gefühle.

Blut: Leben, Liebe und Leidenschaft. Symbol für Blutsverwandtschaft, Familienbindung.

Blüte / blühen: Freude. Fülle. Körperlicher Aspekt des Gefühlslebens, Sexualität.

Blutung: Menstruationstraum. Verwundung oder Verwunderung.

Bock: Erdhafte Urkraft.

Bombe: Häufig, wenn Sie zu dominierend und aggressiv sind oder Sie es mehr sein sollten. Elementare Aggression, meist gegen das Elternhaus gerichtet.

Bordell: Sexuelle Unerfahrenheit. Berechnung in der Sexualität. Abgewehrte und abgewertete Sexualität.

Boxkampf: Bezug zu Berufs- oder Ehesituation. Siehe → Kampf.

Brand: Angst vor oder Sehnsucht nach eigenem Feuer.

Brandung: Gefühlswallungen. Aber auch: Urlaub, Ferien und Naturerlebnis.

Braun: Natur, Naturverbundenheit, Vitalität, Erdung, Urlaub, Sonne. Lehm, Matsch, Fäkalien.

Braut / Bräutigam: Die Braut ist oft Symbol einer zukünftigen Heirat. Bild Ihrer Seelenideale.

Brennen: Eindringliches Wandlungs- und Reifungssymbol. Die Ablösung erfolgt oft unter Schuldgefühlen: Der Träumer will das Feuer löschen.

Brief: Nachricht. Auch: Botschaft, die noch nicht ins Bewusstsein gedrungen ist.

Brieftasche: Sinnbild des Eigenen, denn die Brieftasche tragen wir immer bei uns.

Brille: Eigene Betrachtungsweise. Fremde: Spiegel persönlicher Bezugsperson wie Mutter, Vater o. a. Die Brille fehlt oder ist defekt: Sie möchten sich der Verwandten entledigen. Die Sonnenbrille dient auch als Versteck des Selbst.

Brot: Wie → Nahrung Symbol der nährenden, positiven Mutter, des Lebens. Manchmal hat es Schimmel angesetzt oder es ist schon angetrocknet: Die Beziehung zur Mutter ist überaltert. Einen frischen Laib Brot essen oder Hunger mit Brot stillen: Sex machen. Lebenserhaltende Speise, Stärkung, nährende Substanz. Regression in die orale Phase.

Brücke: Sinnbild für seelische Entwicklung, für Neues.

Bruder: Steht oft für den Vater, seltener für die eigene Person.

Brunnen: Ort des Unbewussten, der Regression und des in der Tiefe der Seele Schlummernden. Wasser und Leben spendender Ort im Schoß der Mutter.

Brust: Symbol für Mütterlichkeit, Weiblichkeit, weibliche Entwicklung. Mutterbindung. Ich-Stärke (»mit Stolz in der Brust«).

Buch: Symbol für Erkenntnis und Wissen. Im »Buch des Lebens« ist das eigene innere Wissen niedergeschrieben, d. h. hier finden wir das Drehbuch oder das Skript zu unserem Leben.

Bügeln: Das heiße Bügeleisen und Bügeln stehen manchmal für Sexualität.

Burg: Macht und Abkapselung. Aber auch: Muttersymbol bergend, vereinnahmend. Elternhaus, Elterngefängnis.

Büro: Berufliche Tätigkeit, Arbeit. Gemeinschaftsgefühl.

Bus: Ort großer Gemeinschaft, Symbol für große Gefühle.

Busch: Versteck. Ort einer angsterfüllten Sexualität.

Butter: Positives Symbol, alles ist in Ordnung (»in Butter«). Symbol des Nahrhaften und der Verfeinerung.

C von *Campingplatz* bis *Creme*

Campingplatz: Wunsch nach Erholung und Urlaub. Sehnsucht nach einfachem Leben.

Chaos: Wandlung. Heilsames, energiereiches Chaos. Als Abwertung bedeutet Chaos, das Leben in sich zu verneinen. Chaos ist auch Zeichen der inneren Unordnung, der fehlenden seelischen Struktur und mangelnder Lebensbewältigung.

Chauffeur: Warum nicht selbst fahren? Wie steht es um Ihre Selbsterfahrung?

Chef/in: Elternfigur, männliche Autorität. Der reale eigene Chef. Oder Sinnbild der eigenen Fähigkeiten. Auch fürsorgliches oder strenges, ordnendes Über-Ich.

(Chemie-)Labor: Ort der inneren Wandlung. Siehe → Laboratorium.

Chor: Symbol für Harmonie und Disharmonie. Mitmachen, Miteinander sein. Sinnbild für Familie, die zu viel Gemeinschaft einfordert.

Traumsymbol Clown: Das Leben auch mal leicht nehmen …

Clown: Das Leben sollte nicht so ernst genommen werden. Angst, sich lächerlich zu machen.

Computer: Speicherung und Bearbeitung von Tageseindrücken und kommenden Aufgaben. Konkrete Themen des Arbeitsalltags oder Spiegel der Verarbeitung persönlicher Erfahrungen und Wünsche.

Creme: Sie möchten schöner sein, als Sie sind.

D von *Dach* bis *Düsenjäger*

Dach: Über-Ich, Gewissen. Schutz, Bedeckung, Geborgenheit. Kopf und Intellektualität.

Dachboden: Rückzugsraum. Abstellkammer von Altem oder Geheimnissen, die gelüftet werden sollen. Fluchtweg.

Dampf / Dampfkessel: (Gestaute) seelische Energie.

Dampflok: Symbol für Energie und für Sexualität. Sie verkörpert auch eine auf die Vergangenheit fixierte Lebensweise.

Dattel: Weibliches Sexualsymbol. Siehe ➔ Feige.

Daumen: Im Traum ist der Daumen oft nur Werkzeug. Produktivität. Auch: Penis / Klitoris.

Daumenlutschen: Flucht in die Kindlichkeit. Onaniesymbol.

Delphin: Der kluge Fisch, das hochentwickelte Tierische. Intelligente Emotionen.

Denkmal: Elternfigur. Narzissmus.

Diamant: Archetypisches Bild für das Selbst des Menschen. Auch: Eitelkeit (wie jeder ➔ Schmuck).

Dieb / Diebstahl: Angst vor Verlust, besonders in persönlichen Beziehungen, oder Sie möchten sich aus der Beziehung wegstehlen. Auch: Sich etwas zu gönnen, empfinden Sie als Diebstahl. Befreien Sie sich von unangebrachten Schuldgefühlen.

Dirigent: Positive Identifikationsfigur, die Können und Macht darstellt. Viele Stimmen zu einem Konzert vereinen. Angeberturn.

Dirne / Hure / Prostituierte: Stehen Sie mehr zu Ihren Trieben und haben Sie den Mut, Sie selbst zu sein! Im Traum noch abgewertete Sexualität oder Symbol für Bindungsschwäche.

Diskussion: Oft bei Bearbeitung von ungelösten intellektuellen Problemen (Tagesresten). Unbewusste Problemlösungsstragie.

Distel: Aggression. Schwierigkeiten. Verlassenheit.

Dolch: Leiden und Leidenschaften.

Donner: Sie sollten einmal »losdonnern«.

Dorf: Symbol der Persönlichkeit der / des Träumenden.

Traumsymbol Dachboden: Abstellkammer, Geheimnisse …

Drache: Symbol der grenzverletzenden, verschlingenden Mutter. Aggressive Energie.

Dreck: Unsaubere Gefühle, die den Träumer belasten?

Drei: Drei ist Spannung, Dynamik, Rhythmus und Vollständigkeit (hl. Dreieinigkeit).

Dreieck: Männliches oder weibliches Geschlechtsdreieck.

Dschungel: Beängstigende und undurchschaubare Situationen (meist emotional).

Düne: Reiseerinnerung. Vergänglichkeit.

Dünger: Fördernde Substanz. Verwertung des eigenen Mists.

Dunkelheit: Das Reich des Unbewussten, des Unbekannten und der Tabus. Nacht.

Dusche: (Seelische) Reinigung, Entspannung, Erneuerung.

Düsenjäger / Jet: Schnelligkeit der Gedanken. Kriegsangst.

E von *Ebbe* bis *Explosion*

Ebbe: Zustand, in dem das Meer den Boden freigibt zum Suchen, Finden und sicheren Betreten. Seelische Neuorientierung. Abschalten.

Efeu: Festigung bestehender Verhältnisse. Aber auch: Warnung vor falschen Freunden.

Ehe / Ehefrau / Ehemann: Ausgleich und Versöhnung von Gegensätzen, Verschmelzung männlicher und weiblicher Kräfte. Hier sind oft Ihre eigenen Persönlichkeitsanteile gemeint!

Ei: Anfangs- und Wiedergeburtssymbol.

Eichhörnchen: Weibliches und männliches Selbst: Es vereint Schönheit mit dem Phallussymbol.

Eidechse: Lebendigkeit und Energie.

Eigenheim: Heimat und Geborgenheit. Aber auch: Abnabelung und seelische Eigenständigkeit.

Eile: Keine Zeit heißt im Traum: kein Wille oder kein Bewusstsein.

Eimer: Das volle Gefäß zeigt immer an, dass Sie viel zu geben haben. Weibliches Sexualsymbol. Etwas wird zunichte gemacht (»alles im Eimer«).

Einbrecher: Bedürfnis, sich heimlich etwas anzueignen. Besitzgier. Angst vor Veränderungen. Mangelnde Abgrenzungsfähigkeit. Angst vor Kontakt zu Menschen oder vor der eigenen Männlichkeit, die in die Seele dringt.

Einhorn: Uraltes Symbol der Unschuld und Reinheit.

Einkaufen: Sich der Möglichkeiten des Lebens bedienen. Zugreifen.

Einladung: Sozialer Kontakt. Oder Sie laden (einen Teil von) sich selbst ein.

Einsiedler: Dem Leben entsagend, narzisstische Einsamkeit. Radikale Suche. Siehe → Mönch.

Eis: Sie sind (zu) »cool« und zu distanziert. Emotionale Kälte. Erstarrung. Das Eis ist gebrochen: Es beginnt ein neues Leben. Auf dem Eise gleiten oder sich ein Eis gönnen: Lebensfreude, Sexualität erleben. Die Angst, im Eis einzubrechen: Hingabestörung und gehemmte Sexualität.

Eiscreme: (Sexueller) Genuss, Sommerfreuden, Naschen. Das »Eingemachte«.

Eisen: Stabilität, Willensstärke, Widerstandskraft.

Eisenbahn: Angst, nicht zum Zuge zu kommen. Oder: »Es ist höchste Eisenbahn«.

Eiter: Krankmachende, seelische Inhalte geraten nach außen.

Elefant: Machtvolle Selbstdarstellung. Oder: Sie lassen etwas nicht an sich heran. Macht, Gelassenheit und Ruhe. Aber auch: Schwerfälligkeit. Kraft des Unbewussten.

Elfe: Hilfreiche Naturgeister, Lichtgestalten.

Elektrizität: Kraft-, Energie- oder Sexualsymbol.

Eltern: Die realen oder verinnerlichten Eltern. Oft deuten die »Traumeltern« daraufhin, dass Sie sich selbst ein guter Vater bzw. eine gute Mutter sein sollten. »Bemuttern« Sie sich selbst genug? Sind Sie sich selbst ein liebevoller Vater?

Endstation: Sie sind entweder am Ende oder haben Ihr Ziel endlich erreicht.

Engel: Abgespaltene, noch unfertige, unverstandene, überra-

Traumsymbol Eis: Kälte, Erstarrung …

schend neue Geistesgaben oder Persönlichkeitskräfte. Geschlechtsloses, nicht erwachsenes Wesen.

Enkel: Kind, Alter, Lebensträume.

Ente: Muttersymbol.

Entkleiden: Was liegt hinter der Oberfläche (der Verkleidung)?

Erbrechen: Loswerden unangenehmer Gefühle oder Gedanken.

Erbse: Sexualität, Penis oder Klitoris. Auch: das Kleine, Kleinigkeit oder Kleinlichkeit. Erbsenzählerei: Das Unscheinbare sortieren.

Erdbeben: Großes Ereignis, starke seelische Erschütterung, oft Verweis auf selbstzerstörerische Kräfte. Chance auf Neuanfang.

Erdbeere: Sexualsymbol (Analogie zu Brustwarze). Ehe und Mutterschaft, Sommerfreuden.

Erde: Ort des Unbewussten, der in der Tiefe hausenden Seelenkräfte. Sicherheit und Standfestigkeit. Verwurzelung, Erdung, Schutz. Auch schwer verdauliche Realitäten.

Ernte: Sich etwas erarbeiten. Sehnsucht nach Anerkennung, Erfolg und Sicherheit. Die Frage nach den Lebenszielen.

Eröffnung: Geburt. Symbol des Neuanfangs. Siehe → Baby und → Kind.

Erspartes: Kräfte, auf die Sie zurückgreifen können im Sinne von inneren Reserven und innerem Rückhalt. Auch zurückgehaltene Energien, die Sie besser ausdrücken sollten.

Esel: Volkstümlich: Liebesglück. Positives und negatives Sinnbild für Trotz, Sturheit. Wie andere Tiere auch Symbol für gefürchtete Triebhaftigkeit. Auch sprichwörtlich: Esel.

Essen: Positiver Aspekt des Mütterlichen. Symbol der nährenden Mutter. Oft Gemeinsamkeit stiftende Tätigkeit. Was müssen Sie tun, um Ihre Seele zu nähren?

Eule: Vogel der Weisheit. Nachtaktiv. Die Weisheit der Nacht. Orientierung in der Dunkelheit.

Exfreund/in: Reale Personen. Oder Symbol für Vater oder Mutter.

Explosion: Seelischer Ausbruch, heftigster (innerlicher) Streit. Maßlosigkeit oder Befreiung.

Traumsymbol Feuer: Taten, Lebenskraft …

F von *Fabrik* bis *Futter*

Fabrik: Wandlungssymbol. Neues entsteht.

Fahren: Verweist immer auf die Lebensreise, auf die Entwicklung in Ihrem Leben.

Fahrrad: Einsatz der eigenen Kräfte, um vorwärts zu kommen. Beweglichkeit. Balance. Auch Kindheitserinnerungen, Wunsch nach Sport und realer Bewegung oder Wunsch nach Bewegung und Veränderung in Zusammenhang mit dem betreffenden Traumthema.

Fahrschein: Identität. Erlaubnis, sich in eine bestimmte Richtung zu entwickeln. Sie sind bereit, den Preis, das Opfer für Ihre Entwicklung zu zahlen.

Fahrstuhl: Verbindung eigener Höhen und Tiefen. Bequemlichkeit. Auch: Sinnbild für enges Familiengefängnis. Mutterleib.

Fall / Fallen: Sie sollten sich fallen lassen. Übergang zu einem neuen Lebensabschnitt. Oft ohne Grund mit Angst verbunden.

Fallschirm: Kein gefährlicher Sturz, sich sanft fallen lassen.

Falschgeld: Unehrlichkeit und Verstellung. Sie leben falsch.

Falte: Meist weibliches Sexualsymbol. Haben Sie etwas auszubügeln?

Familie: Die Familie als Traumsymbol weist nach Freud auf ein Geheimnis hin.

Fasan: Symbol des Selbst. Bunt und stolz wie ein Fasan.

Fasching: Lebensfreude. Verkehrte Welt. Verspieltheit. Siehe → Karneval.

Fax: Kommunikation, Mitteilungskraft, nicht zuletzt in seelischen Belangen.

Fee: Siehe → Elfe.

Fehler: Weist meist auf realen Fehler im Wachleben hin. Etwas fehlt.

Fehlgeburt: Kann auf tatsächliche Körpervorgänge verweisen. Sie werden hinderliche Eigenschaften los. Oder aber ein Neuanfang gelingt nicht (kann ein Warntraum sein!).

Feige: Weibliches Sexualsymbol.

Feind: Menschen der Umgebung. Eigene Eigenschaften und Fehler. Realer Feind oder aggressive Anteile, die abgelehnt oder nur unter Abwertung erlebt werden.

Feld: Symbol für Frau/en. Betätigungsfeld.

Fels / Felsbrocken: Stärke. Härte. Aufstieg. Ort der Standfestigkeit und Sicherheit. Innere Gewissheit.

Fenster: Die Augen. Ein-und Ausblicke. Symbol für den Weg nach außen oder innen. Geschlossenes Fenster: abgrenzungsfähig. Geöffnet: emotionale Offenheit. Blick ins Leben.

Fernglas: Nicht wegen jeder Kleinigkeit in Panik geraten, nicht alles größer sehen oder machen.

Fernsehen / Fernseher: Zerstreuung, Ablenkung, Information. Tor zur Welt, das die Selbsterkenntnis fordert. Möchten Sie für sich in die Ferne sehen?

Ferse: Der wunde Punkt des Träumers, Ort der Verletzung (Achillesferse).

Fesseln: Sie fühlen sich unglücklich gebunden. Ggf. heilsamer Zwang, nicht gleich wegzulaufen.

Fest / Fete: Lebensersatz oder -krönung.

Festgehalten werden: Von jemandem gewaltsam festgehalten und bewacht zu werden, zeigt Geschäftsverwicklungen, Hindernisse und Aufschübe in den Terminen an. Bei Krankheit könnte es eine Verschlimmerung derselben bedeuten, jedoch Rettung für diejenigen, die in äußerster Gefahr sind.

Festnahme / Verhaftung: Sie erfassen »den Täter« oder »die Täterin« in sich, d. h. Sie begegnen sich selbst, Ihren eigenen Motiven, Taten, Absichten und deren Auswirkungen.

Feuer: Triebe, Taten, Lebenskraft, Wille, Läuterung. Ablösung von den Eltern.

Feuerwehr: Faszination des Feuers für den Träumer, die er sich nicht eingesteht. Angst vor zu viel innerem Feuer. Symbol für Hilfe.

Feuerwerk: Lebensfreude. Orgasmus.

Fieber: Meist positives Entwicklungs- und Wachstumssymbol. Verliebtheit.

Finger: Oft »Gebrauchsorgan« ohne symbolische Bedeutung. Von jemandem die Finger lassen; auf die Finger hauen oder schauen. Penissymbol.

Fisch/e: Leben in und aus der Tiefe unserer Seele. Meist fressgierig, schlafen mit offenen Augen und bleiben immer empfänglich für die Außenwelt. Hohe Sensibilität. Aber auch: kalt und unfassbar. Fische zu essen ist günstig, besonders gebratene.

Flecken: Symbol für Makel, Beschmutzung und Schuldgefühle. Hinweis auf unbekannte Seeleninhalte.

Fleisch: Fleischeslust. Animalisches.

Fliege: Überreizte Nerven. Auch: Symbol einer zudringlichen Elternfigur.

Fliegen / Flugträume: Selbst fliegen (wie ein → Vogel) und in Flugzeug, Rakete, Ballon usw. fliegen: Zunächst konkrete Reiseerfahrungen oder Reisevorbereitung. Wunsch nach oder Furcht vor Ortsveränderung. Symbol der Lebensreise. Siehe → Fahren. Dabei bedeutet das Fliegen im Traum oft ein »Abheben« (»Luftikus«, Ikarus-Motiv), das heißt eine Selbstübersteigerung oder eine Flucht aus Problemsituation. Dabei kann diese Flucht in manchen Fällen die gesuchte Lösung darstellen, in anderen Fällen jedoch eine ungute Vermeidungsstrategie. »Die Angst vorm Fliegen« (Erica Jong) ist auch eine verbreitete Metapher für die Lust an oder die Angst vor sexuellen Herausforderungen und sexueller oder existentieller Hingabe. Es ist meist ein gutes Zeichen, wenn Sie nach einem Flug wieder zur Erde gelangen und so erwachen. Am besten aber ist es, wenn Sie nach Belieben fliegen und auch wieder landen können. Dies kündigt große Leichtigkeit und glatte Abwicklung in den Geschäften an.

Floh: Nervliche Überreizung, Stress.

Floss: Romantik, Abenteuer. Als Gefährt schwer steuerbar, aber das Wasser des Gefühls trägt. Rettungsinsel in mitten verschlingender Wasser.

Flöte: Männliches Sexualsymbol und Ausdruck von Lebensfreude, wenn sie tönt.

Flotte: Emotionale Konfliktsituation, Angst vor mäßiger Auseinandersetzung.

Fluch: Größere Vorsicht ist geboten. Sie verstricken sich leicht in Schuld.

Flucht: Angst vor seelischer Veränderung? Fragen Sie sich nach Ihrem Ziel.

Flügel (zum Fliegen): Nehmen Sie das Leben leichter.

Flügel (Klavier): Bekanntes Harmonie- und Venussymbol.

Flugplatz: Der Ausgangspunkt des Fliegens. Freiheit und Reise.

Flugzeug: Symbol der Aggression, Macht. Größe, Kraft und Freude.

Fluss: Gefühle. Strom des Lebens und Fluss der Zeit. Wandel, Trennung, Übergang, Neuanfang.

Flut: Überflutung durch das Mütterliche, durch Gefühle; oft mit der Angst verbunden, von der Mutter verschlungen zu werden, oder mit der Angst, eigene Gefühle zu zeigen. In einer Flut versinken: Wandlungssymbol durch Tod und Untergang.

Fohlen: Lebensfreude. Das innere Kind.

Folter: Etwas Geheimnisvolles, Unergründbares (Jemanden auf die Folter spannen). Hängt meist mit Angst und Lust am Schmerz zusammen.

Frau: Im Frauentraum ist meist ihr Schatten – und selten ihr Selbstbild gemeint. Träumt ein Mann von einer Frau, verweist dies auf die Gefühlsseite des Mannes, auch auf seine weibliche Seite.

Fremde/r: Etwas Neues kündigt sich an. Schattensymbolik (das eigene innere Fremde).

Fremdgehen: Überwechseln auf die Schattenseite. Schattendasein. Erlösung von Verdrängtem.

Freude: Lebensfreude im Traum ist Ausdruck erhoffter oder realer Freuden.

Freund/in: Meist (unbekannte) Aspekte der eigenen Persönlichkeit. Sehnsucht nach sozialem Kontakt und Hilfe. Auch oft Symbol für Vater oder Mutter.

Friedhof: Ort der Wandlung, des endgültigen Abschieds und der »ewigen Ruhe«.

Frieren: Seelische Kälte oder Not. Auch: Notwendiger Übergang.

Friseur / Coiffeur: Die Haarpflege zeigt die Einstellung zur eigenen Sexualität. Eitelkeit wie bei allen Schmucksymbolen.

Frisur: Langes, schönes Haar tragen und damit glänzen ist besonders für eine Frau glückbringend.

Frosch: Form unreifen oder ursprünglichen Lebens. Zierliches, harm- und schutzloses Kindwesen.

Frucht / Früchte: Angebot des Lebens an den Träumer. Das Erotische in der Natur. Erfolg und Genuss.

Fuchs: Klugheit und Schönheit.

Fundament: Die Grundlagen des eigenen Lebens bedürfen der Überprüfung. Sehnsucht nach größerer Sicherheit.

Fünf: Der Mensch in Harmonie, Quintessenz.

Funke: Der so genannte Seelenfunke: Was wird entzündet? Himmel und Hölle im Menschen.

Fuss: Eigener Standpunkt. Unabhängigkeit (auf eigenen Füßen stehen). Auch Penissymbol den Fuß in den Schuh stecken.

Fussboden: Äußerer und innerer Halt, persönlicher Standpunkt.

Futter: Sie nähren das Tier in sich.

G von *Gang* bis *Gurke*

Gang: Oft ein Geburtstraum. Besonders ein dunkler Gang kann auf Ratlosigkeit hinweisen.

Gans: »Dumme Gans«. Junges Mädchen »Gänschen«.Aber auch: Fruchtbarkeit und Lebendigkeit, eheliche Liebe.

Gänseblümchen: Symbol für Mädchen, siehe → Gans. Kindlichkeit und Natürlichkeit, die Sie entbehren.

Gardine: Eingeschränkte Offenheit oder Abgrenzung. Sich verstecken, streiten.

Garten: Sehnsucht und Verlangen. Fruchtbarkeit und ein befriedigendes Liebesleben.

Gast / Gastgeber: Sehnsucht nach sozialem Kontakt. Auch: Seien Sie zu sich selbst freundlicher.

Gebäude: Person des Träumenden nach Freud und Jung und allen gängigen Schulen der Traumdeutung.

Gefängnis / Gefangenschaft: Kann Einschränkungen und Abhängigkeiten jeglicher Art symbolisieren.

Geflügel: Gewöhnliches Leben.

Gegner: Sich widersprechende Ideen, Meinungen und Aspekte von einem selbst. Oft das, was Sie bei sich selbst nicht sehen möchten.

Geheimnis: Verdrängung von Wahrheit oder gerade ein Hinweis darauf, dass wir auch Geheimnisse brauchen.

Gehen: Sie kommen auf dem Lebensweg durch eigene Kraft langsam, aber stetig und sicher voran.

Gehorsam: Verweist auf notwendige oder unnötige Disziplin.

Geige: Idealisierung des weiblichen Körpers. Oder: die erste Geige spielen wollen.

Gelb: Verweist auf Intuition, Geistigkeit, aber auch Neid. Sinnsuche. Gelbsucht.

Geld: Verweist selten auf ökonomische Probleme, sondern deutet eher auf unser Verhalten in der Liebe.

Gemälde: Sie suchen ein klareres Bild von sich oder anderen. Künstlerisches Sehen und Handeln anstelle logischen Denkens ist gefordert.

Gemüse: Jugendliche und Kinder (»junges Gemüse«). Nahrung. Oft erotische Anspielung.

Gepäck: Belastungen, Kraftreserven.

Gericht: Schlechtes Gewissen, Sie halten über sich selbst Gericht.

Gerüst: Neuanfang, Selbsthilfe und Unterstützung.

Gesang: Seelische Erleichterung, friedliche Zeiten. Ausgeglichenheit und Entlastung.

Geschäft: Hängt meistens mit Geschäftigkeit im alltäglichen Leben zusammen. Sie sind entweder zu geschäftig oder zu wenig aktiv.

Geschenk / Gabe: Eine Beziehung soll verbessert werden.

Geschirr: Häuslichkeit. Zerbrochenes Geschirr bedeutet volkstümlich Glück (im Gegensatz zu zerbrochenem Glas).

Traumsymbol Getreide: Nahrung, Erfolg …

Geschlechtsorgane: Sexuelle Bedürfnisse als nahe liegende Bedeutung. Oft drücken sich andere Energien, wie z. B. Liebe oder Angst, Macht und Sinnsuche, in sexueller Symbolik aus.

Geschwister: Bruder, Schwester. Unterschiedliche Anteile in Ihnen selbst. Auch ungelebte eigene Seiten.

Gesicht: Gesichtsausdruck steht für die seelische Befindlichkeit des / der Träumers/in, für seine Selbstachtung und Selbsteinschätzung.

Gespenst / Geister: Lebensgeister, ungenutzter oder falsch benutzter geistiger Apparat.

Gespräch: Ruhige Gespräche symbolisieren Kontaktfreude und Aufgeschlossenheit. Diskussionen und Streitgespräche bilden oft innere Konflikte ab.

Getreide: Geistige und physische Bedürfnisse. Getreide nährt. Erfolg nach harter Arbeit.

Gewächshaus: Künstlich regulierter und kontrollierter Lebensraum.

Gewalt: Disziplin ist notwendig oder aufzugeben.

Gewehr: Sie wollen durch Macht und Stärke imponieren oder werden durch sie eingeschüchtert.

Gewinn: Selbstentfaltung.

Gewitter: Sie sollten Ihren Gedanken Ausdruck verleihen.

Giesskanne: Überfluss und Reichtum.

Gipfel: Wozu fühlen Sie sich berufen? Auch: Angst vor Tiefe und Auseinandersetzungen.

Giraffe: Das Besondere, Ferne und Exotische!

Gitarre: Leidenschaft und Gefühl. Oft sexuelle Bedeutung wie → Geige und Cello (Frauenleib). Spielerische Selbstdarstellung.

Glas: Gefäß des Geistes.

Gold: Sonne im Herzen und Unsterblichkeit, kann aber genauso auf Verblendung, Gier und Materialismus verweisen.

Gorilla: Gewalt und undifferenziertes Seelenleben.

Grab / Gruft: Die Ahnen und die Ahnungen. Was haben Sie begraben oder sollten Sie besser begraben?

Gras: Wachstum, Naturverbundenheit und Erdung.

Grau: Farbe des noch Unbewussten und Undefinierten.

Gross: Was im Traum größer wird, dem soll besondere Aufmerksamkeit geschenkt werden.

Grossmutter: Weitgehend wie → Mutter, allerdings viel mehr auf die Vergangenheit bezogen. Großmütter wie Großväter sind oft weise Traumführer und Ratgeber.

Grossvater: Im Gegensatz zum persönlichen Vater wird hier das Vater-Prinzip angesprochen.

Grün: Farbe des naturhaften Lebens. Es entwächst etwas dem Stadium der Unreife.

Gummi: Geschmeidigkeit und Anpassungsfähigkeit.

Gurke: Penissymbol. Genesung und Gesundheit.

Traumsymbol Himbeere: Sommerfreuden, Ehe …

H von *Haar* bis *Hyazinthe*

Haar: Gestutzte, gebändigte oder wallende Animalität. Schönheits- und Potenzsymbol. Neuer Haarschnitt: Neue Identität. Haare schneiden lassen: Reifungsschritt.

Hafen: Schutzort vor den Lebensstürmen. Lebensbewältigung in schwierigen Zeiten oder auch Zeichen der Lebensangst.

Hafer: Getreide. Übermut.

Haftung / Gewährleistung: Sie werden für etwas zur Rechenschaft gezogen oder sollten selbst ein Sicherheitsversprechen abgeben.

Hagel: Bekanntes Streit-Symbol (Unwetter).

Hahn: Gockel, Wunschtraum von der potenten Männlichkeit. Andererseits Symbol des Erwachens.

Hai: Vitalität und Aggressivität, brutale Hemmungslosigkeit.

Haken: An etwas hängen bleiben, nicht mehr loskommen. Nicht selten bei akuter Suchterkrankung.

Hals: Zunächst ist abzuklären, ob Halsschmerzen während des Schlafs vorlagen. Der Ort, wo die Worte stecken bleiben. Häufig mit Aggression, Angst, Liebe und Sexualität verbunden. Zugleich stellt der Hals auch die Verbindung zwischen Kopf und übrigem Körper dar. Alle Probleme oder Aufgaben, die aus einem Zuviel oder einem Zuwenig an Kopfarbeit und Körperbewusstsein resultieren, können sich in dem konkreten Traumzusammenhang äußern.

Hammer: Aggressions- oder Wandlungssymbol.

Hamster: Das Infantile in Ihnen, auch Zudringlichkeit.

Hand: Tatkraft und Handlungsfähigkeit. Etwas begreifen. Die Welt erfassen. Sich wehren. Die Hand reichen, jemanden anfassen. Hand in Hand bedeutet Vertrautheit oder Zärtlichkeit. Sich ohne Hände oder auch mit leeren oder gebundenen Händen im Traum zu sehen, spricht für Hemmungen: Genießen Sie und tun Sie, was für Sie selbstverständlich ist!

Handschuhe: Zumeist Schutz. Auch: Distanz zu den eigenen Handlungen. Schwarze Lederhandschuhe sprechen für Anmache, Sexualität.

Handtasche: Weibliches Sexualsymbol (im Frauentraum sehr häufig).

Handtuch: Sie möchten etwas wegwischen, ungeschehen machen.

Handwerker: Tatkraft, praktische Intelligenz und Konstruktivität.

Harem: Sexueller Triebstau oder Enthemmung.

Harfe: Feierlichkeit, Besinnlichkeit.

Hase / Kaninchen: Fruchtbarkeit; unerfahrene, »kindliche« Sexualität; Zärtlichkeit.

Hass: Aggressionsstau, der oft auf unterlassene Abgrenzung zurückzuführen ist.

Hauptstadt: Siehe → Stadt, → Herrscher.

Haus: Die seelische und körperliche Verfassung des Träumers, die eigene Persönlichkeit, der eigene Körper.

Haushalt: Entspricht der eigenen Psyche und dem Seelenhaushalt.

Haustiere: Entweder »zurück zur Natur« oder gebrochene Natur.

Haut: Zeigt als Spiegel der Seele den nervlichen und seelischen Zustand des Träumers an. Abgrenzung zur Außenwelt, Schutz der Person.

Hautausschlag: Seelische Spannungen, Triebstau, Aggressionsstau.

Hebamme: Kinderwunsch oder Angst vor Schwangerschaft.

Hecke: Begrenzung, Hindernis. Aber auch: natürlicher Lebensraum.

Heimat: Sehnsucht nach Ruhe, Verwurzelung und Zugehörigkeit. Bezeichnung für die Stätte, an der Sie aufgewachsen sind. Häufig Symbol für Bindung an die Eltern oder die Vergangenheit, von denen Sie sich lösen sollten.

Heiserkeit: Es verschlägt einem die Sprache. Siehe → Hals.

Heizung: Deutet manchmal auf sexuelle Hitze oder Gefühlswallung hin.

Held/in: Sehnen nach Anerkennung und Bestätigung. Hoffnung auf Hilfe. Auch Kindlichkeit.

Hell: Bewusstsein. Ende einer Depression.

Helm: Schutz oder Autorität, Schmuck oder Identität.

Hemd: Schutz, Bedeckung. Sauberes, geschlossenes Hemd: Symbol für Etikette. Offenes, bedecktes, durchsichtiges Hemd: Sexuelle Anziehung, die manchmal von einem schlechten Gewissen überschattet wird.

Hengst: Zuwachs an Kraft, auch Zähmung der eigenen Kräfte.

Henker: Symbol des Todes, der Wandlung, der Endgültigkeit und des Abschieds. Sie müssen etwas ausmerzen, z. B. Schuldgefühle. Haben Sie noch etwas zu erledigen?

Herbst: Zeit der Ernte und Auswertung.

Herd: Symbol für weibliche Sexualität, Gebärmutter oder für die Mutter. Früher zentraler Ort des Familiengeschehens.

(Tier-)Herde: Opportunismus oder Gemeinschaftsgeist.

Hering: Früher das Essen der Armen, heute eher ein Fruchtbarkeitssymbol.

Herrscher/in: Selbst-Bestimmung und Selbstherrschaft. Herrscher/in im eigenen Reich.

Herz: Liebe, Gemüt. Das Herz ist auch Sitz des Mutes, des Lebens, der Angst und der Trauer. Im Herz setzt sich Kummer fest, es kann erkalten oder zerbrechen. Das Herz blutet oder ist schwer. Es kann einem auch leicht ums Herz sein als Zeichen guter Laune.

Hexe: Muttersymbol, die überstarke, magische Frau, vor der Sie sich fürchten. Symbol für die Kraft des Unbewussten. »Selbst zur Hexe werden«, die eigene Kraft und Macht entwickeln.

Himbeere: Siehe → Erdbeere.

Himmel: Reich des Geistes, der Gedanken und Intuition. »Des Menschen Wille ist sein Himmelreich«. Stimmungsbarometer: Schlechtes Gewissen.

Hindernis: Widerstände des Lebens, die es zu überwinden gilt.

Hinken: Psychische Verletzung, durch die Sie auf Ihrem Lebensweg nur langsam vorwärts kommen.

Hinrichtung: Seelische und geistige Neuorientierung, Änderungen sind notwendig.

Hinterhof: Verborgener Ort, Geheimnis.

Hirsch: Erlösung, Gnade. Sowie männliche Macht und Vorherrschaft

Hirte: Symbol ordnender, behütender Väterlichkeit.

Hochhaus: Symbol einer Elternfigur – das Kind schaut hoch zu den Eltern. Größenwahn. Wachstumsdrang.

Hochwasser: Hochsteigende Emotionen.

Hochzeit: Wichtige und häufige Träume bei Ehe-und Partnerkonflikten.

Höhe / hoch: Sie sehnen sich nach Großem und haben zugleich Angst vor Selbstüberschätzung. Oder Sie sollten sich nicht mit Flachheiten zufrieden geben.

Höhle: Mutterleib. Aufenthaltsort im Unbewussten. Ort der Wandlung.

Hölle: Ort des Unbewussten und der Wandlung, archetypisches Symbol der Sünde, Gewissensqualen und Schuldgefühle, das auch beim modernen Menschen wirkt.

Holz: Symbol für Wachstum, Wärme und Natürlichkeit.

Homosexualität: Die homosexuelle Handlung ist Sinnbild für die Annahme der eigenen Rolle als Mann oder Frau.

Honig: Nektar, Nahrung und besonders Sexualsymbol. Auch: Lockmittel.

Horn (beim Tier): Tierisches, Ursprüngliches. Auch: »Jemandem Hörner aufsetzen.«

Hornisse: Symbol zudringlicher, aggressiv erlebter Elternfiguren.

Hose: Eitelkeit, Selbstdarstellung. Bedeckung der Scham. »Die Hosen anhaben.«

Hotel: Station auf der Lebens-oder Seelenreise, Übergangssituation.

Hubschrauber: Von oben kommende Übermacht, Zudringlichkeit oder Energie. Siehe ➢ Fliegen.

Huhn: Symbol der Großen Mutter, der Fruchtbarkeit oder kindlichen Verhaltens.

Hund: Verkörpert das Triebhafte, Zudringliche, aber auch das Unterwürfige, Gefolgschaft sowie Treue und Hilfsbereitschaft. Symbol des Instinktes, den das Bewusstsein nutzen und leiten sollte.

Hunger: Körperlicher, geistiger oder seelischer Mangel. Sie benötigen Nahrung (meist emotionale Nahrung). Lebenshunger.

Hure: Siehe ➢ Dirne.

Hurrikan: Wirbelsturm der Gedanken und Erkenntnisse.

Husten: Fast immer geht es beim Husten um unbewusste Distanzierungen und noch unausgesprochene Ablehnungen. Das Auszuhustende sind oft die Eltern, die Hustenreiz oder Atemnot hervorrufen.

Hut: Verweist wie alle Kopf-Symbole auf die eigene Ehre, Würde und Identität oder auf Überheblichkeit und Hochmut.

Hütte: Siehe ➢ Haus.

Hyäne: Ungehemmter Trieb und Aggression, Besitzgier, Skrupellosigkeit.

Hyazinthe: Anspruch auf Freude. Botin des genussreichen Lebens.

Traumsymbol Insekt: Nervosität und unbewusste Ängste …

I von *Igel* bis *Irrfahrt*

Igel: Rückzug wegen zu großer Empfindsamkeit und Verletzlichkeit (sich einigeln) bei gleichzeitiger »stacheliger« bzw. listiger Angriffsbereitschaft. Auch: Das Nette, Niedliche in Ihnen, das sich noch entwickeln wird, z. B. eine Familie gründen.

Indianer: Der Indianer und die Indianerin verkörpern das Selbstbewusste, Naturverbundene, Wilde oder Romantische in Ihnen.

Inflation: Psychische Verausgabung oder – seltener – ein Ausdruck von Verarmungsangst.

Injektion / Injektionsspritze: Wandlungssymbol. Oft Angst vor Veränderung durch die verabreichten Medikamente. Auch männlicher Sexualakt.

Insekten: Tief verankerte, unbewusste Inhalte. Nervosität oder unbewusste Ängste. Bewusstlosigkeit im Alltag.

Insel: Suche nach Unabhängigkeit. Stress-Symbol. Ein Stück Festigkeit. Zuflucht vor überquellenden, verschlingenden Anforderungen.

Inserat: Eine längst fällige Angelegenheit ist zu entscheiden.

Invalide: Etwas ist verletzt oder verloren. Sie müssen sich den üblichen Leistungen auch einmal entziehen können.

Inzest: Unentwickelte Persönlichkeit. Angst vor Beziehungen.

Irrfahrt: Urbild des menschlichen Suchens, Lernens und Wachsens.

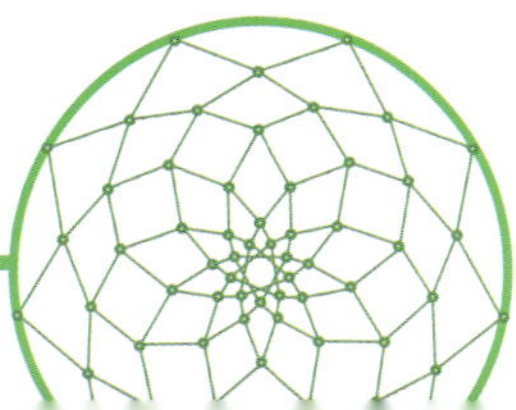

J von *Jacke* bis *Juwel*

Jacke: Was Sie nach außen repräsentieren möchten. Siehe → Mantel.

Jagd (auf Tiere) / Jäger: Häufig jagen uns Schuldgefühle im Traum, übermächtige, gefürchtete Elternfiguren, gegenüber denen Sie sich abgrenzen möchten. Auch verdrängte aggressive oder sexuelle Impulse führen zu Jagdszenen, in denen der Träumer als Jäger oder Gejagter auftritt.

Jahrmarkt: Lebensfreude. Jahrmarkt des Lebens. Tand.

Jauche: Die Seele ist verunreinigt durch ungelöste Konflikte. Siehe → Abwässer.

Jucken: Juckende Haut ist Zeichen für ungelöste Symbiose. Riskieren Sie mehr Selbstverständlichkeit in der Umsetzung Ihrer Bedürfnisse und Wünsche.

Junge / Jüngling: Einer, dem die Welt offen steht. Sie müssen etwas neu beginnen. Auch: Symbol für Unerfahrenheit und Unreife.

Jungfrau: Jugend und die Frische der eigenen Seele, Unschuld und somit die Erlösung.

Juwel: Der Schatz im Inneren. Verführung durch glitzernden Schein.

Traumsymbol Jahrmarkt: Lebensfreude, Tand …

K von *Kadaver* bis *Küste*

Kadaver: Symbol für Gestorbenes, von dem Sie sich schleunigst verabschieden sollte.

Käfer: Oft Glückssymbol. Siehe → Insekten.

Kaffee: Geselligkeit, geistige Anregung, Lebensgenuss. Bedürfnis nach Wachheit.

Käfig: Begrenzung, Freiheitsberaubung, Einfriedung, Schutz und Zähmung.

Kaiser/in: Großvater oder Großmutter – die persönlichen Großeltern und / oder die großen Leitbilder unserer Kultur.

Kakao: Süßigkeiten. Sie werden verlacht oder verlachen selbst jemanden (»Jemanden durch den Kakao ziehen«).

Kaktus: Widersprüchliche Gefühle.

Kälte: Unpersönlichkeit und emotionale Neutralität. Mehr Distanz üben.

Kamel: Abenteuer, Verreisen. Entbehrungen und Askese. Geduld und Ruhe. Aber auch: Dummheit.

Kamera: Methodische, technische Sicht.

Kamin: Beherrschtes Triebleben. Familie und Behaglichkeit zu Hause.

Kamm: Eitelkeit. Sie sollten etwas genauer untersuchen (durchkämmen). Siehe → Haar.

Kampf: Symbolisiert den problematischen Umgang mit Aggressionen. Widerstreitende Gefühle und Handlungen.

Kanal: Lebensader, Gefühle, Sexualität. Symbol der Mutter. Ihre eigenen psychischen Energien.

Kanarienvogel: Fröhliches, behagliches Zuhause wie auch teilweise bei Singen. Eingesperrtsein wie bei Käfig.

Kannibale: Sehr »einnehmende« Person, von der Sie sich überrollt fühlen.

Kanone: Aggressions- und Sexualsymbol.

Kapitän: Leitfigur, die den richtigen (emotionalen) Kurs kennt. Das

Ruder des Lebensschiffes in die Hand nehmen.

Kappe: Ego. Bewusstsein und (verborgene) Gedanken.

Karneval: Persönliche Alters- oder Entwicklungsstufe, in der »alles« erlaubt ist, in der Sie ein/e andere/r sein können und dürfen. Siehe → Fasching.

Karotte: Männliches Sexualsymbol.

Karren: Symbol für Schwierigkeiten und Lasten (»Den Karren aus dem Dreck ziehen«). Auf der anderen Seite ein Bild der Beweglichkeit.

Karriere: Zeigt, dass uns unsere Karriere zu wichtig ist oder dass wir uns mehr um unsere Karriere kümmern sollten.

Kartoffel: Erdung, unterirdische Früchte. Auch: Nahrung des Alltags. Symbol für Sexualität, Hoden.

Karussell: Lebensfreude. Siehe → Jahrmarkt.

Käse: Besitz und Wohlstand. Oder: Etwas stimmt nicht oder ist zunichte gemacht worden (»Es ist alles Käse«).

Kasse: Beziehungen, die auf das Geld reduziert sind. Auch: Der Preis für die seelische Entwicklung.

Traumsymbol Knospe: neue Lebenskraft und Schönheit …

Kasten / Karton: Behältnis. Ein Kasten steht im Traum auch für den Sarg. Baby in einem Karton: Scheinbare Lieblosigkeit, die dazu führt, dass das Infantile stirbt, ausgesetzt oder sich selbst überlassen wird.

Katze: Symbol des weiblichen Geschlechtsorgans (»pussy«) und der »Unzucht«. In Träumen von Frauen aber auch ein Zeichen für körperliche Geschmeidigkeit, Orgasmusfähigkeit und weibliche Unabhängigkeit.

Kaufen: Sich etwas gönnen.

Kaufhaus: Ort der Lebensmöglichkeiten. Sich etwas gönnen, oft unter Schuldgefühlen.

Kaufmann: Handel und Austausch zwischen Menschen. Siehe → Kaufhaus.

Keks: Geistige und seelische Nahrung.

Keller: Das Unbewusste, Dunkle, Undurchschaubare und Verdrängte.

Kellner: Sollten Sie demütiger sein und sich mehr mit dem Dienen auseinandersetzen?

Kerker: Hindernistraum wie Käfig, nur um einiges stärker.

Kerze: Symbol des Lebens (Lebenslicht), besonders die brennende Kerze. Sexualsymbol.

Kessel: Energie-Kraftsymbol: Er beherbergt heißes, dampfendes Wasser.

Kette: Bindung, Treue oder Abhängigkeit.

Keule: Primitive Waffe der Riesen, deren phallische Form auf undifferenzierte Triebenergie hinweist.

Kind: Entweder ein sehr positives Traumsymbol, das neue Möglichkeiten anzeigt. Oder ein Hinweis auf unseren Widerstand gegen Reife und Vollendung.

Kino: Ort der sich bietenden Lebensmöglichkeiten. Siehe → Fernsehen.

Kirche: Muttersymbol, Gemeinschaft. Sie möchten sich mit dem Sinn des Lebens auseinandersetzen.

Kirsche: Symbol der Lippen. Zeichen der Liebe und der Libido, wie auch → Herz und → Rot.

Kissen: Ruhe, Entspannung und Häuslichkeit.

Kiste: Affäre und Beziehung. Aber auch: der eigene Ballast.

Klavier: Gefühlsskala, intensives Gefühl. Kultivierung. Harmonisierung.

Klebstoff / Kleister: Sie wollen etwas verbinden, das zusammengehört. Oder etwas zukleistern.

Kleid / Kleidung: Die Rolle des Träumers. »Kleider machen Leute.« Selbstdarstellung in der Umwelt. Selbstachtung und Liebe zu sich, je nach Ausstattung.

Klette: Symbol für symbiotisches Anklammern.

Klettern: Sie wollen hoch hinaus, aber der Weg ist oft gefährlich und schwierig.

Kloster: Rückbesinnung, Rückzug. Eingeschränkte, karge Lebensweise. Siehe → Einsiedler.

Knie: Unbeugsamkeit und Stolz oder Demut.

Knochen: »Bis auf die Knochen«, das Innere offen legen. Innere Struktur. Aufrichtigkeit, Standhaftigkeit.

Knospe: Neue Kräfte, neue Schönheit.

Knoten: Halt, Verwicklung und Verstrickung.

Kochen: Wandlung und psychische Entwicklung genau wie bei → Küche. Innerliches Kochen im Sinne eines Aggressionsstaus.

Koffer: Lasten und Probleme, die Sie mit sich herumschleppen. Aber auch: Fähigkeiten und Talente.

Kohl: Blumen-, Rot-und Weißkohl sind Symbole der Fruchtbarkeit und der männlichen Sexualität.

Komet: Ein besonderes Ereignis. Dieses Traumbild besitzt Hinweischarakter.

Konditorei: Ort der Entspannung und des Genusses.

Konfetti: Spaß, Ausgelassenheit. Fortsetzung eines archaischen Regen- und Fruchtbarkeitszaubers. Volkstümlich: Enttäuschung.

König/in: Innere oder reale Elternfigur.

Konkurs: Warntraum. Sie sollten anders mit Ihren Energien umgehen. Offenbarung der Wahrheit.

Konzert / Orchester: Ort des gemeinsamen Erlebens, das Sie sich gönnen oder auch nicht. Spielen Sie mit und üben Sie das Dirigieren.

Kopf: Bewusstsein. Kapital des Menschen. Ist es angesagt, den Kopf zu »verlieren«, oder sollten Sie dies tunlichst vermeiden?

Körper: Narzissmus, Selbstverliebtheit. Oder: der vergessene Körper.

Kosmetik: Verbesserung des Eigenbildes oder Eitelkeit.

Kosmische Träume: Träume von fremdartigen kosmischen Erscheinungen wie Feuerregen, Kometen etc. Auf Sie warten besondere Aufgaben.

Kot: Kot-und Toilettenträume signalisieren häufig die Scham vor dem Selbst, vor Aggression und Sexualität. Haben Sie jemanden oder hat Sie jemand »beschissen«? Einen großen Haufen zu setzen, kann bedeuten, etwas Belastendes oder Überflüssiges, Unangenehmes hinter sich zu lassen oder bei jemandem seinen Seelenmüll abzuladen.

Krähe: Symbolisiert traditionell Unglück oder Tod wegen der schwarzen Farbe. Finsternis. Kann auch eine als aggressiv empfundene Frau symbolisieren. Frühchristliches Symbol der Treue.

Kran: Sich an etwas erinnern, etwas wiederfinden. Altes heben und abladen.

Krankenhaus: Hilfsbedürftigkeit in (seelischer) Not. Ort der inneren Wandlung.

Krankenschwester: Weiblichkeit, Mütterlichkeit. Sie brauchen entweder Hilfe oder wollen sich nicht helfen lassen.

Krankheit: Häufiges Wandlungssymbol. Im Traum selten Warnung vor echter Krankheit. Einen solchen Traum sollten Sie in seiner Symbolik genau betrachten, um das betreffende seelische Problem und seine Lösung zu erkennen.

Kranz: Sieger-und Totenkranz. Weibliches Sexualsymbol, Beziehung, eine »runde Sache«.

Krebs (Tier): Uralte Instinkte und sonst verborgene Gefühle werden sichtbar.

Krebserkrankung: Symbol für seelische Krankheit, die einen auffrisst. Aufgabe, zu sich zu finden.

Kreis: Symbol für Dazugehörigkeit. Familie oder Gruppe, die einen umgibt. Ganzheitssymbol. Abwehrzauber. Siehe → Null.

Kreisel: Drehen Sie sich im Kreis? Verweist auf Kindertage und Tanz.

Kreuz: Symbol des Todes, der Wandlung, der Rettung. Mittelpunkt des Koordinatensystems. Richtungs- und Ordnungssymbol.

Kreuzung: Entscheidung oder Verbindung von Alternativen.

Krieg: Reale Kriegsangst. Außerdem: Auseinandersetzung mit verschiedenen Seiten der Persönlichkeit, innere Zerrissenheit. Bürgerkrieg: Innere, verfeindete Mächte kämpfen gegeneinander. Bisher zu viel oder zu wenig Selbstbehauptung.

Kristall: Harmonie und Klarheit.

Krokodil: Wollen Sie jemanden verschlingen, oder vereinnahmen Sie zu viel? Siehe → Drache.

Krokus: Neues Leben steigt hoch.

Krone: Macht, Ansehen und Erfolg. Hohe Bewusstseinsebene.

Kröte: Das Unterweltliche. Negativer besitzergreifender Aspekt der Großen Mutter. Auch männliche Sexualität, vor der sich Mann oder Frau im Traum ekelt.

Krücke: Hemmungen, Minderwertigkeitsgefühle. Überbrückung einer Notlage.

Küche: Im traditionellen Verständnis: Das Reich der Mutter und der Frau. Gemeinschaft. Umwandlung und Verwandlung psychischer Energien.

Kuchen: Belohnung. Nahrung als Liebeszuwendung, die Sie bekommen oder geben. Seelische / geistige Bedürfnisse.

Kugel: Vollständigkeit und Ganzheit. Die Dynamik der Psyche. Auch: Penissymbol.

Kuh: Muttersymbol. Siehe → Milch.

Kühlschrank: Wegstecken von Triebkräften. Verdrängung, Kälte und Distanz.

Künstler/in: Bekanntes Symbol des freien und kreativen Lebens.

Kupfer: Symbolisiert Erfolg. Venussymbol. Gefühlswärme und Lebensfreude.

Kuss: Vereinigung, Verbindung und Glück. Seelische Annäherung, Verführung.

Küste: Nahtstelle von Land und Wasser und somit Verbindung des Körpers mit der Seele.

L von *Laboratorium* bis *Lüge*

Laboratorium: Ort der inneren Wandlung. Wie sieht es mit Ihrem Gefühl aus? Ist Ihr Leben zu geplant oder zu technisch-entseelt?

Labyrinth: Aufgaben, die Sie auf dem Weg zu Ihrem wahren Ich bewältigen müssen.

Lachen: Lösung, die im Traum gefunden wird. Oder: Sie sind in schwieriger Situation, in der Ihnen gar nicht zum Lachen zu Mute ist.

Laden: Bild des persönlichen Energie-Umsatzes. Ein Ort des Tausches. Sie möchten bedient werden und das Richtige aussuchen. Können Sie sich selbst bedienen?

Lahm / Lähmung: Nicht-Weiterkommen im Leben. Erstarrung oder Passivität.

Lamm: Reinheit. Geduld und Sanftheit. Das Osterlamm verweist auf einen Neuanfang (Auferstehung).

Lampe: Ihre eigene Sichtweise und die Kraft der Erkenntnis!

Landkarte: Es geht wie bei → Kreuzung um Ihre Orientierung im Leben. Lebensplan.

Landschaft: Nicht nur nach Freud Darstellung des menschlichen Körpers.

Lärm: Realer Lärm während des Schlafs. Sie wollen vielleicht zu viel Aufmerksamkeit erregen oder finden im Alltag zu wenig Aufmerksamkeit.

Last: Schicksalslast. Sein »Kreuz« auf sich nehmen. Ungeahnte Möglichkeiten.

Lastwagen: Wie steuern Sie die Lasten? Wichtig ist auch die Symbolik der Art der Güter, die auf dem Lastwagen transportiert werden.

Laterne: Symbolisiert das Licht des Bewusstseins, verweist meist auf genauere Betrachtung der Probleme. In seltenen Fällen auch die magnetische Kraft der Liebe. Das Licht in der Dunkelheit zieht Aufmerksamkeit auf sich.

Laub: Gefühle und Gedanken des Träumers.

Lava: Wichtiges Traumsymbol der inneren psychischen Energien.

Lawine: Spannungsentladung, ein Symbol kolossaler Gefühle.

Lebensmittel (Vorräte): Angst, zu kurz zu kommen. Schwierigkeiten und Verarmungsangst.

Leber: Leber – Leben. Sinnfindung. Eigene Meisterschaft.

Leder: Zähigkeit (zäh wie Leder). Aggressive Tendenzen. Fetischistische Bedeutung, aber auch weich und glatt wie die Haut und somit ein Symbol der Zärtlichkeit.

Lederkleidung: Distanz oder Betonung des Animalischen. Auch Suche nach Unverletzlichkeit und Sinnlichkeit. Siehe → Tier.

Lehm: Erdung. Heilung.

Lehrer/in: Hilfreiche seelische Funktion. Verweist auf Schulzeit. Archetypische Autoritätsfigur. Schlechtes Gewissen. Hängt oft mit Sinnsuche zusammen. Der Lehrer bzw. die Lehrerin sind fast immer die inneren Führer, die einen ins Leben einweihen. Sie können hier ggf. von einem Initiationstraum sprechen. Sie erlangen eine bestimmte Reife und Selbstorganisation. Andererseits Neigung, sich oder andere stets zu belehren statt zu akzeptieren.

Traumsymbol Leuchtturm: Orientierung, Einsamkeit …

Leiche: Abgestorbener Persönlichkeits- oder Gefühlsteil. Oft Verwandte, die in Ruhe gelassen werden wollen oder die Ihre Atmosphäre durch ihr »Leichengift« verunreinigen.

Leiden: Angst vor Leiden und Krankheit. Solch ein Traum bietet meist konstruktive Hinweise, das Leiden zu beenden.

Leiter: Übergangssituation und Entwicklung. Symbol der Verbindung von Unbewusstem (unten) und Bewusstem (oben). Die Jakobsleiter in der Bibel führt in den Himmel. Stehen bei Ihnen neue Aufgaben an? Auf- oder Abstieg?

Leitung (elektrisch): Die Energien des Träumers werden angesprochen.

Leuchtturm: Hilfreiche Orientierung in schwieriger Situation. Unbewusste Problematik wird ins Bewusste gerückt. Bekanntes Phallussymbol. Auch ein Bild der Einsamkeit.

Licht: Energie, Freude, Bewusstsein, Hoffnung, Erkenntnis, Leben. Intellekt, Verstand, Klarheit. Hoffnung und Freude. Das Licht bildet ein »Gegen-Symbol« zu Depression, Zweifel, Dunkelheit und Krankheit. Licht bedeutet schöpferischer Geist. Negative Bedeutung: blendendes, grelles Licht oder verlöschendes Licht. Licht und vor allem der Lichtblitz stehen auch für den Orgasmus.

Liebe: Sie sehnen sich nach Liebe. Aber vielleicht fürchten Sie sich auch davor. Sehnsucht, lieben zu können und geliebt zu werden. Achten Sie besonders darauf, welche Eigenschaften, Gefühle und Umstände im Traum zu der Liebe gehören.

Lied: Frohsinn. Der Liedtext ist von Bedeutung.

Lift: Siehe → Fahrstuhl.

Lila: Farbe an der Grenze des sichtbaren Farbspektrums. Streben nach Erkenntnis und Transzendenz. Symbol der konservativen Geistlichkeit (die adeligen Kardinäle trugen das ganze Mittelalter hindurch lila) als auch der modernen Emanzipation (Modefarbe emanzipierter Frauen), Frauenpower.

Lilie: Symbol der Reinheit, Unschuld und Natürlichkeit, aber auch eines der Macht (Frankreich). Männliches Sexualsymbol.

Links: Linke Körperseite: Herzseite, Ihr Gefühlsbereich, auch dessen weiblicher Aspekt, selten politische Bedeutung. Manchmal Vergangenheit, Mutter, Elternbindung.

Lippen: Erotische Wünsche. Kommunikation.

Loch: Ursprung und Ziele. Nach Freud und Jung sexuelle Symbolik.

Locke: Verlockung und Jugend.

Lohn: Wie gehen Sie mit Ihren emotionalen Energien um? Bekommen Sie, was Sie wollen?

Lokomotive: Zug. Kollektive psychische Energie. Lebensreise. Eingebunden sein in Gesellschaft / Gemeinschaft. Mit Kraft und Macht treiben Sie etwas voran oder werden mitgezogen.

Lösegeld: Emotionaler Aufwand, um sich von etwas zu befreien.

Lotse: Innere Leitfigur. Lösungsweg.

Löwe: Das Feuer der Lebensenergie und des Stolzes.

Luft: Symbol des Geistes, des Denkens und der Wachheit. Einsicht, Idee, Vorstellungskräfte und schöpferisches Denken wie auch Gedankenfülle. Leichtigkeit. Aber auch: Warnung vor Abgehobenheit. Die Luft stellt auch ein Symbol der persönlichen Zukunftsaussichten, Ansichten und Vorstellungen dar. Wichtiges Lebenselement.

Luftballon: Siehe → Ballon.

Lüge: Symbol des Falschen. Oft Ausdruck schlechten Gewissens. Sie spielen eine Doppelrolle, sind falsch und unehrlich. Wenn Sie jedoch eine Lüge im Traum entdecken (auch Ihre eigene), dann besitzen Sie Erkenntnis und haben eine wichtige Einsicht erlangt. Ferner sollten Sie sich über Ihre Fähigkeit zur Selbstkritik freuen.

M von *Mädchen* bis *Mutter*

Mädchen: Die natürliche, lebendige und zukunftsträchtige Seite unserer Seele.

Madonna: Erlösung von Leiden, Schuld und Schmerzen. Selbstüberhöhung oder Selbstverleugnung.

Magen / Magenleiden: Sitz angenehmer oder häufiger unangenehmer Gefühle. Zunächst ist zu klären, ob körperliche Probleme vorliegen. Verdauung, geistige und seelische Nahrungsverarbeitung.

Magnet: Starke Anziehungskraft und persönlicher Erfolg.

Magnetkarte: Identität. Möglichkeit zum Einkaufen. Wunsch nach Mehr oder Warnung vor dem Zuviel.

Mahlzeit: Sie erhalten psychische und seelische Energie. Wichtig sind die Speisen, die gegessen werden, sie symbolisieren die Art der Energie.

Mandala: Ganzheitssymbol, das uns hilft, uns zu zentrieren.

Mann: Bei Frauen Seelenpartner, die andere Seite in sich selbst. Der oder die Partner oder Verweis auf Vaterfigur oder Ich-Ideal. Ein unbekannter Mann bedeutet in Männerträumen die eigene unbekannte Seite, den Schatten.

Mantel: Schutz. Image. Deckmantel.

Markt / Marktplatz: Zeigt soziale Beziehungen des Träumers an.

Marmelade: Lebensgenuss, das süße Leben, »das Eingemachte«.

Marmor: Beständigkeit. Luxus. Aber auch: Härte, Kälte, Protz.

Maschine: Wandlungssymbol. Vater-oder Mutterfigur, die Sie erdrückt. Häufig Synonym für Flugzeug oder Motorrad.

Maske: Verkörpert oder verhüllt die Identität eines Menschen, indem sie bestimmte Persönlichkeitszüge hervorhebt oder verbirgt. Erotisches Abenteuer.

(Menschen-)Massen: Wird häufig bei Angst vor sozialen Kontakten und bei Platzangst geträumt. Drückt sich ein besonderes Freiheitsbedürfnis durch Ihren Traum aus? Angst davor, festgelegt zu werden?

Matratze: Bett. Erotik und Sexualität. Der Ort der Geburt und des Todes.

Matrose: Männliche Gefühlsenergien. Abenteuer. Kann auch Unreife beim Mann anzeigen.

Mauer: Siehe → Wand

Maulwurf: (Meist unbewusste) Triebwünsche. Was wirkt aufwühlend in Ihnen?

Maus: Macht und Ohnmacht des Kleinen. Sinnbild für infantiles oder zudringliches Verhalten.

Meer: Große Gefühle, Kraft, Gewalt, Nahrung und Uranfang. Symbol des kollektiven Unbewussten.

Meerschweinchen: Anfangsstadium der Entwicklung der emotionalen Funktion.

Mehl: Nahrung. Siehe → Brot. Außerdem auch Symbol für Samenerguss.

Meister: Siehe → Chef.

Melone: Erotisches Symbol, Liebesglück.

Menstruation: Geht meist auf reale Menstruation zurück, die sich ankündigt oder beginnt. Angst vor Schwangerschaft. Krafterfahrung. Zeichen der Weiblichkeit, das Frauen ablehnen oder annehmen.

Traumsymbol Mond: Frau, Weiblichkeit …

Messe: Kommunikation und Kontakt. Siehe → Ausstellung, → Markt.

Messer: Werkzeug, das der heftigen Verteidigung oder Aggression dient. »Auf des Messers Schneide«: Entscheidungssituation.

Metall: Erfolg, Wohlstand, Reichtum. Beständigkeit und Härte. Auch:

»der eiserne Wille«, »die bleierne Angst«, »quicklebendig« (Quecksilber). Eisen, Gold und Silber, Feuer, Erde.

Meteor: Symbol für Lebensenergie, die in uns hineinfährt. Rückkehr vergessener Gedanken.

Miete / Mieter: »Sie müssen für alles bezahlen.« Etwas nutzen, ohne es zu besitzen.

Mikrophon: Sie sollten etwas (innerlich) aufnehmen. Sie sollten Ihre Stimme selbst erheben und öffentlich kundtun, was Sie meinen. Auch: Selbstgespräch.

Mikroskop: Es kommt auf die Betrachtung des Details an. Machen Sie Ihre Probleme aber auch nicht größer, als sie sind.

Milch: Nahrung, Sicherheit, urmütterliches Symbol. Das Paradies ist das Land, in dem Milch und Honig fließen.

Militärdienst: Selbstbestätigung, möglicherweise auch Selbstbestrafung.

Minister: Ein häufiger Traum, wenn Sie unter einem geringen Selbstwertgefühl leiden.

Missbildung / Missgeburt: Seelische Wunden, die zu Unsicherheiten und Ängsten führen. Aufgabe, etwas Misslungenes loszulassen oder – in anderen Fällen – besonders zu betreuen.

Mittag: Licht. Bewusstsein, Mitte als Lebensmitte.

Mitternacht: Dunkelste und Geisterstunde. Anbruch eines neuen Tages.

Möbel: Eigenschaften des Träumers im Sinne der »Innenausstattung« seiner Seele und seiner eigenen Identität.

Mode: Persönlicher Stil oder Eitelkeit.

Model (Fotomodell): Auseinandersetzung mit gesellschaftlicher Norm. Minderwertigkeitsgefühle. Oder: Seelische Gewissheit der eigenen Schönheit.

Mönch: Abgeschiedenheit und Abstinenz. Siehe: Einsiedler.

Mond: Weiblichkeit, Tochter, Frau und Mutter.

Monster / Fabelwesen: Das Tierische wird zu stark, zu beängstigend, d. h. Sie fürchten sich vor der Stärke der eigenen Triebe. Es können auch Personen (mit Vater- und Mutterfunktion) bezeichnet sein, die Ihnen übermächtig erscheinen.

Moor: Siehe → Sumpf.

Mord / Mörder: Warnung oder Aufforderung, dass ein wichtiger Gefühlsinhalt abgetrennt, ein Lebensabschnitt beendet wird. Notwendiger, harter, mit Schuldgefühlen belasteter Entwicklungsschritt.

Morgen: Neuanfang, Kraft und Jugend.

Mosaik: Bild. Spiegel der Lebenserfahrung. Aus vielen Teilen ein Ganzes. Konzert. Puzzle.

Motor: Energie, Kraft und Bewegung.

Motte: Zersetzende Gefühle und Gedanken. Suche nach Licht und Liebe.

Mühle: Mutterleibs-, Fruchtbarkeits-, Wandlungssymbol.

Müll: Seelenmüll. Zur Vergangenheit Gehöriges, überholte Gewohnheiten.

Mülleimer: Verdrängungs- und Reinigungssymbol.

Mumie: Sie sehnen sich nach Unsterblichkeit. Uralter Ballast.

Mund: Werkzeug zum Beißen, Genießen, Sprechen und für vieles mehr. Teil der Mimik. Kommunikation. Erotik und Beziehung.

Münze: Symbol des Selbst. Glänzend und sauber: gesundes Selbstbewusstsein. Verunreinigt: beschädigtes Selbst.

Muschel: Weibliches Sexualsymbol.

Museum: Was ist dort ausgestellt? Meist die Vergangenheit oder das Elternhaus, in dem Altes, Verstaubtes, auch Ehrwürdiges vorkommt.

Musik: Gefühl. Wichtig ist, auf das Gefühl beim Hören zu achten. Bedürfnis, sich auszudrucken.

Mutter: Vermittlerin der Lebensgesetze. Die tatsächliche Mutter. Oder Symbol für die eigene emotionale Selbstständigkeit und Sicherheit. Siehe → Königin, → Großmutter.

N von *Nabel* bis *Nuss*

Nabel: Zentrierung oder Egozentrik.

Nachbar: Meist Eigenschaften des Träumers, die ihm relativ bewusst sind.

Nacht: Das Unbewusste und Unbekannte. Das unbekannte Dunkle. Generell: die andere Seite.

Nackt: Lust, ohne Scham. Sie sollten mehr zu sich selbst stehen. Aber auch: Angst vor Wahrheit, vor Armut. Unverschämtheit.

Nadel: Seelischer und körperlicher Schmerz. Nähen.

Nagelfeile: Es soll etwas geglättet werden.

Nagetiere: Verweist meist auf nagende Sorgen.

Nahrung: Körperliche, seelische Kräfte und Energien.

Narbe: Geheilte Wunde. Schicksalsschläge und Verletzungen, die nicht mehr aktuell sind, die Sie jetzt überwinden können.

Narkose: Beruhigung. Unbewusstheit.

Narr: Weisheit. Frechheit. Verrücktheit.

Nase: Symbol für Penis oder Vagina. Zeichen des Selbstbewusstseins. Vor allem Atemorgan, Spiegel des Atemflusses.

Nebel: Fehlende Orientierung. Es entsteht etwas Kreatives. Neue Formen.

Neid: Innere Spannung, Anmaßung und Schamgefühle. Diese beziehen sich auf Erlebnisse und Ergebnisse, die Sie selbst gern hätten.

Netz: Verlust der Unabhängigkeit, Vernetzung, Verstrickung.

Neu: Die Psyche entwickelt sich, wird neu gestaltet.

Neubau: Sie sollten sich neu orientieren.

Neun: Mit der Zahl Neun ist eine Vollendungsstufe erreicht, denn Neun ist die höchste Einzelziffer.

Nixe / Seejungfrau / Melusine: Ein Wesen, das der Erlösung bedarf. Willenlosigkeit.

Nonne: Ewige Jungfrau. Abkehr von den Möglichkeiten der Welt. Siehe → Himmel.

Traumsymbol Nacht: Dunkelheit, Unbekanntes …

Notiz: Sie sollten etwas genau wahrnehmen und auch behalten.

Nudeln: Freuden des Alltags. Etwas, das Sie sich vom Leben wünschen und genießen.

Null: Sexuelles Bild, Nichtigkeit, Belanglosigkeit. Aber auch: Kreis, Mandala, Mittelpunkt.

Nuss: Ganzheitssymbol. Auch: Männliches Sexualsymbol – Hoden.

Traumsymbol Olive:
Sonne, Süden …

O von *Oase* bis *Osten*

Oase: Erotisches Symbol des Verlangens und seiner Erfüllung.

Obergeschoss: Bewusstsein und Überblick.

Obst: Die Früchte des (Seelen-)Lebens.

Ofen: Gefühlswärme. Kalter Ofen entsprechend Gefühlskälte. Deutet oft die Beziehungssituation an. Siehe → Herd.

Offizier: Bei Männern und Frauen ein Symbol der Autorität und Männlichkeit.

Ohr: Verstehen, Verständigung, Verständnis. Horchen, gehorchen. Weibliches Sexualorgan, je nach Zusammenhang. Ort der Selbstversunkenheit, der unausgereiften Sexualität bei Männern. Sollten Sie besser zuhören? Oder mehr auf sich hören? Warten Sie auf etwas?

Oliven: Erotische Abenteuer, Sexualsymbol. Oder: Sonne, Süden,Reiseerinnerung.

Oper: Lebenskunst. Pathos und Selbstdarstellung.

Operation: Psychische Störungen oder deren Beseitigung.

Opfer: Gefühle, Eigenschaften oder Verhaltensweisen sind aufzugeben. Zur seelischen Entwicklung gehört, dass Sie Opfer bringen, etwas hinter sich lassen, einen Preis bezahlen müssen.

Orden: Ehrgeiz und Äußerlichkeit

Orgie: Langweiliges oder diffuses Sexualleben.

Orient: Sehnsucht nach Schönheit, nach den eigenen Schätzen. Symbol des Faszinierenden, doch auch des Unverständlichen.

Osten: Aufgang der Sonne. Morgen.

P von *Päckchen* bis *Puzzle*

Päckchen / Paket: Mühe, Sorgen und Last, die Sie zu tragen haben. Aber auch: Geschenk. Das Auspacken eines Päckchens hängt oft mit Selbsterkenntnis zusammen.

Palast: Das eigene Selbst, wie auch der eigene Körper. Allerdings auch Größenwahn und Geltungsdrang.

Palme: Güte, Friedens- und Penissymbol. Überschäumende Lebenskraft, jedoch auch Unzufriedenheit mit dem eigenem Sexualleben beim Mann.

Panzer: Symbol der Härte und des Schutzes der seelischen Eigenart. Wollen Sie sich ohne Rücksicht auf Verluste durchsetzen? Fühlen Sie sich überrollt?

Papier: Das Bewusste muss etwas längst Fälliges aufarbeiten.

Paradies: Möglicherweise Flucht vor Schwierigkeiten oder ein großer Traum, der wesentliche Lebensziele und Wünsche deutlich macht.

Traumsymbol Palme: Frieden, Güte …

Partner: Symbolisiert eigene, oft unbekannte Persönlichkeitsanteile oder bezieht sich auf den Partner in Ihrer Beziehung.

Pass: Die Person des Träumers selbst. Reiselust, oft auch als Abschiednehmen von alten Gewohnheiten, kann auch Flucht sein. Mitunter Identitätsfrage (»Wer bin ich?«).

Peinlichkeiten: Einerseits geben Sie sich eine Blöße und sind nicht so perfekt, wie Sie es sich gerne wünschen, andererseits durchbrechen Sie hier einschränkende Konventionen.

Pelz: Symbolisiert die Eigenschaft des Tieres, von dem er stammt. Nach Freud Schamhaare, nach Jung das Tier in uns.

Perle: Kostbarkeit, Schatz. Seelensymbol. Kitzler.

Pfarrer: Strenges, aber auch zu Recht warnendes Gewissen.

Pfau: Schönheit, Eitelkeit. Siehe → Fasan.

Pferd: Lebenskraft, Motorik und Dynamik. Seelen-Gefährte, -Gefährtin.

Pfirsich: Fruchtbarkeit. Zärtlichkeit.

Pflanzen: Teil des eigenen Selbst.

Pflaume: Erotisches Symbol. Auch Zeichen des »Eingemachten«.

Pfütze: Schmutziges Wasser. »Fettnäpfchen«. Siehe → Peinlichkeiten.

Phallus: Symbol für männliche Sexualität, für psychische Männlichkeit, auch bei Frauen.

Picknick: Natürlichkeit und Intimität.

Pilger: Selbstverwirklichung und (spirituelle) Suche.

Pille: Bittere Wahrheit. Krankheit. Aber auch: Sucht und Suche. Angst vor Schwangerschaft.

Pirat: Sehnsucht nach Freiheit und Unabhängigkeit. Überholtes Ideal.

Pistole: Männliches Sexual- und Aggressionssymbol.

Planet: Schauen Sie die Bedeutung des geträumten Planeten in einem Astrologiebuch oder besser noch in den entsprechenden griechischen Mythen nach. Sinnbild des eigenen Sterns.

Platz: Oft die eigene Mitte, besonders bei runden oder quadratischen Plätzen. Öffentlichkeit, es wird einem etwas bewusst.

Polizist: Symbol des Über-Ich. Zu geringes oder zu strenges Gewissen.

Porzellan: Ehe, Häuslichkeit.

Prinz / Prinzessin: Der Träumer /die Träumerin selbst.

Protest: Selbstbehauptung und Abgrenzung.

Prozess: Innere Auseinandersetzung. Anklage, Verteidigung, Genugtuung.

Prozession: Parade. Pilgerreise.

Prüfung: Schwierigkeiten im Berufsleben. Reifungssituation.

Publikum: Gelungene oder fehlende Selbstdarstellung.

Puppe: Dinglichkeit und Unselbstständigkeit der Gefühle.

Puzzle: Rätsel. Mosaik.

Traumsymbol Quelle: Ursprung, neue Ziele …

Q von *Quadrat* bis *Quiz*

Quadrat: Rechteck, Viereck. Ganzheitssymbol. Warnung: »Es läuft nicht rund.« Oder Ermutigung zur »Quadratur des Kreises«.

Qualle: Urlaubserinnerungen, unangenehme oder gar verletzende Erfahrungen, aber auch Wunsch nach → Meer und → Wasser.

Quelle: Ursprung, Fluss, reinigt die Seele von Belastendem. Suche nach den persönlichen Gründen. Neue Ziele. Altes loslassen

Quer: Andere Richtung, neue Idee, Anderssein, Integration oder Aufhebung von Widerständen.

Quiz: Glückssuche, seichte Unterhaltung, Wunsch nach oder Angst vor größeren Erfolgen.

R von *Rachen* bis *Rutschbahn*

Rachen: Unersättlichkeit. Ungesättigtheit.

Rad: Kreis, Mandala.

Radiergummi: Etwas ungeschehen machen, loswerden. Tatsachen verdrängen und vergessen. Fehlerhaftes, unsicheres Handeln.

Radio: Kommunikation, Information und Nachricht über (seelische) Neuigkeiten.

Rahmen: Eitelkeit. Fallen Sie einmal aus dem Rahmen.

Rakete: Kühnheit. Sexualsymbol. Gefahr oder Lust, die Erdung zu verlieren. Eine Rakete schlägt ein und zerstört die Umgebung: schuldhaft erlebter Sex.

Rand: Stehen Sie abseits oder am Übergang zu etwas Neuem?

Rasen: Kulturlandschaft, die Pflege und Sorgfalt erfordert. Siehe ➛Wiese

Rathaus: Amt und Würde. Verweist auf die innerpsychische Organisation Ihrer Persönlichkeit.

Rätsel: Suche nach einer Antwort, nach Befreiung.

Ratte: Erdung. Zudringliche Mütterlichkeit und Weiblichkeit. Sinnbild für aggressive und sexuelle Triebhaftigkeit und für das an der Seele Nagende.

Räuber: Erinnerung früherer Verluste oder eigener Fehler. Angst vor der eigenen Aggressivität.

Rauch: Siehe auch ➛ Feuer. »Viel Rauch um nichts.« Aber auch: Botschaft, Signal, je nach Kontext des Traums. Zeichen der Wandlung. Das Alte löst sich in Rauch auf.

Raupe: Wie ➛ Schlange oft mit Abwehr und Ekel im Traum verbunden. Noch auszubildende, unerfahrene männliche Sexualität.

Rebhuhn: Symbol für die Frau.

Rechts: Die männliche Seite, Aktivität. Das Logisch-Rationale. Seltener politische Symbolik. Gelegentlich auch Hinweis auf das Zukünftige, die väterliche Seite.

Rede: Wichtig ist der Inhalt der Rede.

Traumsymbol Ruine: Elternhaus, Neubeginn …

Regen: Sehnsucht nach tiefer Entspannung. Fruchtbarkeitssymbol, auch Sehnsucht nach geistiger Befruchtung. Symbol der Wandlung.

Regenbogen: Ganzheitssymbol. Erlösung. Kreativität. Himmel und Erde. Das Feuer der Sonne und das Wasser des Regens kommen hier zusammen, die Gegensätze werden verbunden.

Regie / Regisseur/in: Wer führt in Ihrem Leben die Regie? Fühlen Sie sich von äußeren Umständen bestimmt?

Reh: Symbol für eine junge Frau und allgemein für die Seele in jedem Menschen. Scheu, zäh.

Reichtum: Ausdruck der Sehnsucht nach einem erfüllten und lebendigen (Seelen-)Leben.

Reise: Abschied. Lebensweg des Träumers. Erneuerungstendenz der Psyche. Auch Flucht oder Suche.

Reissverschluss: Hängt mit Nacktheit und Kleidung zusammen. Oft ist mit diesem Traumbild auch die Verzahnung von rechts und links angesprochen.

Reiten: Beherrschte (gezügelte) Animalität: Erotik, Kraft und Bewegung. Symbol für den Geschlechtsverkehr, besonders im Traum einer Frau.

Rezept: Rezepte im Traum bieten oft Hinweise auf reale Heilungsmöglichkeiten. Ein Küchenrezept deutet oft auf Pläne.

Rhythmus: Ihr eigenes Schwingen. Der Rhythmus im Traum ist Ausdruck Ihrer zeitlichen Organisation. Folgen Sie Ihrem eigenen Rhythmus oder fühlen Sie sich oft gehetzt?

Richter: Ein Über-Ich-Symbol, das vor zu kühnen Unternehmungen warnt. Oder der Wunsch nach Gerechtigkeit. Siehe → Gericht.

Riese: Archetypisches Symbol des übermächtigen Vaters, aber auch Urnaturwesen, die meist in der Mehrzahl vorkommen (keine Individualität besitzen). Sie stehen im Gegensatz zu den Göttern, mit denen sie im beständigen Kampf liegen, kennen nur sinnliche Genüsse und sind gierig.

Ring: Bindungsbereitschaft und Verbundenheit. Ganzheitssymbol, das auch auf Eitelkeit verweisen kann. Treue und Partnerschaft.

Ringkampf: Sie ringen innerlich mit etwas.

Ritter: Raue Männlichkeit.

Rivale: Meist ist der Gegner im eigenen Inneren gemeint.

Rohr: Sexualsymbol. Kriechen Sie durch ein Rohr, handelt es sich um einen Geburtstraum. Ein verstopftes Rohr zeigt Probleme, die eigenen Gefühle zuzulassen. Ein defektes, tropfendes, rauschendes, offenes Rohr spricht für mangelnde Abgrenzungsfähigkeit oder gehemmte Triebhaftigkeit. Das überschäumende Rohr kann auch Zeichen einer ungezügelten Sexualität sein.

Rollstuhl: Trotz einer (psychischen) Behinderung bewegen Sie sich fort. Aufforderung, in einem bestimmten Sinne wieder laufen zu lernen.

Rose: Venussymbol. Liebe und Zuneigung. Herz. Schönheit. Selbstentfaltung.

Rot: Liebe, Libido, Aggression. Auch: Stopp-Signal.

Rücken: Die Sphäre des Unbewussten, des Schattens. Auf dem Rücken liegen: Zeichen des Vertrauens, der Ohnmacht. Den Rücken zukehren: Kontakt vermeiden. Häufiger Ort von Verletzungen.

Rucksack: Meist auch im Traum einfach ein Gebrauchsgegenstand, manchmal Symbol für die seelische Last oder Ausrüstung, für das seelische Erbe, das der Träumer dicht bei sich trägt.

Ruine: Sie sollten mehr auf Ihre Gesundheit achten; oder auch ein Zeichen für einen seelischen Neubeginn (aus den Trümmern des Alten entsteht etwas Neues). Das verlassene Elternhaus.

Rutschbahn / Rutschen: Hingabe, Lebensfreude. Aber auch: Haltlosigkeit.

S von *Sahne* bis *Süsses*

Sahne: Annehmlichkeiten des Lebens, Luxus. Inhaltsleere (»wie ein Windbeutel«).

Salat: Siehe ➛ Frucht / Früchte ➛ Gemüse. Figurprobleme. »Da haben wir den Salat!«

Salbe: Heilt (im Traum auch psychische Verletzungen).

Salz: Geistige Würze und Quintessenz. Schweiß, Körper. Meer.

Sarg: Siehe ➛ Leiche. »Memento mori!« (Vergiss dass du sterben wirst!)

Säule: Elternfigur, an die Sie sich z. B. klammern oder zu der Sie aufschauen.

Schacht: Stufe des Unbewussten, Abstieg ins Reich der Mütter (Faust) und der Vergangenheit. Das eigene Dunkle. Vaginales Symbol nach Freud.

Schädel: Sinnfrage. Gefühl geistiger Leere.

Schaf: Geduld, Dummheit und Landromantik. Aber auch: Hingabe und Unschuld.

Schale / Krug / Kelch: Wie der Gral Symbol des seelischen

Traumsymbol Schwan: Schönheit, Treue …

Fassungsvermögens und der Seele selbst. Wichtig ist, was sich in der Schale befindet.

Schale: Äußerlichkeit und Härte, hinter der sich ohne weiteres etwas Sanftes verbergen mag (»harte Schale und weicher Kern«).

Scham: Alte Sünden. Meist jedoch Schuld- oder Minderwertigkeitsgefühle.

Schatten: Der Schatten ist zunächst das Unsichtbare, das Unmerkliche. Wird der Schatten sichtbar, ist dies bereits ein wichtiger Erkenntnisfortschritt. Sie beginnen, bewusst Ihre andere Seite wahrzunehmen.

Schatz: Alte vergessene Fähigkeiten sind zu aktivieren.

Schaum: Verweist als Venussymbol (Venus ist die Schaumgeborene) auf Schönheit und Harmonie.

Schauspieler/in: Erkundung der Möglichkeiten.

Scheiterhaufen: Symbolisiert die Anhäufung unserer Schuldgefühle.

Schere: Siehe → Messer. Auch Kastrationssymbol.

Schiessen: Aggression. Konfrontation. Abschied.

Schiff: Lebensschiff. Umgang mit Gefühlen.

Schiffbruch: Gefühlsausbruch.

Schildkröte: Mutterfigur.

Schimmel (Pferd): Positives Naturbild. Kraft und Reinheit.

Schinken: Kraftnahrung. Deftiges Essen und Bedürfnis nach Fleischlichem. Wunsch nach Stärke.

Schlacht: Erotisches Symbol. Nervliche Überreizung und Überarbeitung.

Schlachthof: Gefahr der Vernichtung. Oder: Chance der Wandlung der eigenen Animalität und der eigenen Bewusstheit.

Schlaf: Zustand der heilsamen oder krank machenden Einkehr beim Unbewussten. Zu viel Schlaf bedeutet Missbrauch als Flucht vor der Realität in die Welt der Träume: »Gierig nach Schlaf«. Vertrauen und Geborgenheit sind zum Einschlafen notwendig. Im Schlaf wacht das Unbewusste auf, das Reich der Träume öffnet sich. Erkenntnis und Wandlung ereignen sich oft unter Angst, Albdrücken und Schuldgefühlen.

Schlafzimmer: Ort der sexuellen Intimität. Oft ereignet sich im Schlafzimmer des Elternhauses scheinbar Furchtbares: Brand, Tod, Krankheit.

Schlägerei: Aggressionsstau. Sehnsucht nach körperlicher Nähe.

Schlamm: Siehe ➔ Sumpf.

Schlange: Plattheit oder Weisheit der Instinkte. Archaisches Energiesymbol.

Schleier: Geheimnis. Jungfräulichkeit. (Seelische) Immunität. Abgrenzungsfähigkeit oder -bedürfnis.

Schleppe: Was Ihnen nachhängt. Siehe ➔ Schatten.

Schlitten: Fortbewegungsmittel auf »glattem Parkett«. Hingabe ans Loslassen und Gleiten. Symbol für Sexualität.

Schloss: Siehe ➔ Palast.

Schlucht: Vagina. Auch: Lebensweg, der durch Höhen und Tiefen führt. Auch: schluchzen.

Schlüssel: Symbol der Identität und der Macht. »Der Schlüssel passt« heißt: Hier bin ich richtig, erkannt in meinen Eigenheiten. Er signalisiert auch die Erlaubnis zum Entdecken und zum Abgrenzen.

Schmerz: Empfindsamkeit oder Überempfindlichkeit. Verweist auf die Notwendigkeit der Trauer bzw. eines Neubeginns.

Schmetterling: Wandlung (Raupe zu Schmetterling). Beflügelnde Leichtigkeit. Altes Symbol der Seele.

Schmied: Kraft-Energie-Symbol. Zeichen der Wandlung und Schöpfung.

Schmuck: (griechisch: Kosmos) Schönheit und Wahrheit. Anerkennung und Zuneigung. Eitelkeit. Symbol der Selbstliebe. Der Schatz, der oder die Geliebte.

Schmutz / Dreck: Seelische Verunreinigung. Sehnsucht nach Reinheit (aus schlechtem Gewissen heraus). Oder: Ausdruck des Bedürfnisses, »sich im Dreck zu suhlen«.

Schnecke: Gehen Sie die Risiken des Lebens kühn an, oder ziehen Sie sich in Ihr sprichwörtliches Schneckenhaus zurück?

Schnee / schneien: Winterfreuden und -schrecken. Die weiße Fläche symbolisiert wie das weiße Blatt Unschuld, Sünden-und / oder Schuldentilgung. Geistiges Neuland. Aber auch: Symbol für emotionale Kälte, Depression oder schwierigen Lebensabschnitt.

Schokolade: Verführerischer, verwöhnender Aspekt des Lebens. Schokolade steht auch für Sex. (Und Sex im Traum steht umgekehrt auch oft für Schokolade und andere Annehmlichkeiten.)

Schönheit: Im Märchen wie im Traum stellt die Schönheit einen anderen Ausdruck für Wahrheit dar.

Schrank: Besitz. Wir verschließen (verstecken) etwas.

Schrei: Warntraum. Verzweiflung. Aber auch: Erwachen (im Traum) als Gegenbild zum Schlaf.

Schreiben: Denken, planen und organisieren. Sich Rechenschaft geben.

Schuh: Erdung oder Abschirmung gegen die Erdkräfte. Ein Paar Schuhe ist Symbol für Zweierbeziehung, auch für Vollständigkeit der Beziehung zu sich selbst oder zum Partner. Weibliches Sexualsymbol.

Schulden: Ihr Leben ist nicht im Gleichgewicht, d. h. der Traum verweist auf Ihre Schuldgefühle, damit Sie diese auflösen können.

Schule: Kindheitserinnerungen. Ort der Erkenntnis, der Struktur, der seelischen Reifung. Das Kind im Manne bzw. in der Frau.

Schutt: Seelenschutt – entsorgen oder als Chance begreifen.

Schwalbe: Häusliches Glück und Frühling.

Schwan: Schönheit, Treue, Idealismus. Boten aus einer anderen Welt.

Schwanger: Zeichen der Fruchtbarkeit und Reifung. Ein neuer Lebensabschnitt beginnt.

Schwarz: Seelischer Stillstand oder die seelische Darstellung des Unbekannten. Trauer und Tod. Aber auch: Magie, Kraft und Fruchtbarkeit.

Schwein: Glückssymbol (»Schwein gehabt«). Natürliche Sexualität und praktische Lebenskunst.

Schwester: Schattenseite der Träumerin. Die weibliche Seite des Träumers.

Schwimmbad / Schwimmbecken: Symbol für Lebensfreude, Erotik und Sexualität. Wasser des Lebens. Jungbrunnen.

Schwimmen: Das Schwimmen im Traum verkörpert zumeist den schwierigen, angstvollen Weg der seelischen Entwicklung.

Sechs: Zeit- und Mengenangabe, manchmal sexuellen Inhalts: Sechs wie Sex.

See: Der See. Symbol des Selbst. Spiegel der Seele.

See: Die See. Die »ozeanischen Gefühle«. Siehe → Meer:

Seemann: Männliche Sexualität. Unruhe und Fernweh. Auch: Abenteuerlust und unreife Männlichkeit.

Segelboot: Sie werden vom Geistigen (dem Wind) getrieben und vom Wasser getragen.

Seide: Herrschaft, Wohlergehen und Luxus. Raupe.

Seitensprung: Siehe → Ehe, → Fremdgehen.

Senf: Schärfe. Würze. Ironie bis Zynismus.

Sense: Ernte. Durchsetzungsvermögen, Aggression und Tod.

Seuche: Seelische Störung oder zumindest große Verunsicherung.

Sexualität: Oft unerfüllte Wunschvorstellungen. Oder: allgemeines Symbol der Verbindung, der tiefen Kontaktaufnahme und der Herausbildung des Selbst.

Silber: Metall. Gefühl. Mond und weibliches Symbol.

Skelett: Askese und Tod. Abstraktion, Prinzip. Gefühlsarmut.

Skifahren: Fahren Sie gut, geht alles glatt. Siehe → Schlitten, → Schnee.

Sklave: Abhängigkeit.

Smaragd: Einer der härtesten Edelsteine, der den Charakter oder die Seele als inneren Kern symbolisiert.

Sohn: Ihr wirklicher Sohn. Oder: Zukunftsideen, Kreativität und Neues.

Soldat: Aggression, Ziellosigkeit. Aber auch: Kameradschaft. Im Männertraum wird hier oft die Sehnsucht nach der Verbindung mit anderen Männern ausgedruckt.

Sommer: Symbol für gute Stimmung, Freude und Leben draußen im Freien.

Sonne: Licht. Bewusstheit. Gottes-Symbol.

Spatzen: Geheimnisse (die ausgeplaudert werden).

Spiegel: Symbol der Selbsterkenntnis. Abbild, nicht die Sache selbst.

Spiel: Bereitschaft zu und Sehnsucht nach Kontakt.

Spielzeug: Die Puppe, der Teddy, die Schaukel und anderes Spielzeug symbolisieren das Infantile, welches im Traum als Zeichen der inneren Reifung oft alt, zerbrochen oder nicht auffindbar ist.

Spinne: Asketischer oder künstlerischer Mensch. Die eigene dunkle Seite. Bei Frauen Hinweis auf Mutterkonflikte.

Stachel: Verletzende Aggressivität. Auch: »Selbst zum Stachel werden«.

Stadt: Muttersymbol. Andererseits »Vaterstadt«. Die seelische Umwelt des Träumers. Ort des Lebens, der Möglichkeiten.

STALL: Heimat der Tiere, des eigenen Animalischen. Primitives Zuhause. Verdrängte oder unbekannte Lebenskraft.

STEHLEN: Oft die fehlende Bereitschaft, den Preis für die seelische Entwicklung zu bezahlen.

STEIN: Baustoff. Symbol des eigenen Wesens, das geformt wird und einem größeren Bauwerk (Lebenszweck) dient. Auch Ausdruck der persönlichen Versteinerung. Symbol für Härte, Dauer, Widerstand, Hindernis auf dem Lebensweg. Lieb-, Leblosigkeit: »Ein Herz aus Stein.« Andererseits: Edelstein. Siehe → Juwel.

STELZE: Überheblichkeit und Abgehobensein.

STERN: Der innere Kern, die Führung und Hoffnung. »Sterne sehen«: Orgasmus erleben. »Wie auf einem anderen Stern«: Eine neue, innere, bisher nicht bewusst wahrgenommene Welt.

STEUER / STEUERRAD: Selbstständigkeit und Zielgerichtetheit.

STIMME: Sie sollten sich mehr Gehör verschaffen, Ihre Stimme mehr erheben.

STOCK: Werkzeug. Aggressions- und Sexualsymbol. Autorität.

STOLZ: Zeichen der Selbstliebe, des Selbstvertrauens. Im Traum erlebter Stolz offenbart oft seelisches Wachstum.

STUHL: Alltagsgegenstand mit konkreten Funktionen in den Träumen. Auch: Zeichen für Ruhe, Bequemlichkeit und Passivität. Auch: »Stuhlgang« als Bezeichnung der Verdauung.

SÜDEN: Zumeist Symbol für Wärme, schöne Landschaft, Verliebtheit, Lebensfreude. Selten ist der Süden mit Hitze, Kargheit oder Wüste verbunden.

SUMPF: Sehnsucht nach und zugleich die Angst vor dem Gefühlschaos. Symbol der alles verschlingenden Mutter Erde.

SÜSSES / SÜSSIGKEITEN: Liebessehnsucht, Paradies.

Traumsymbol Treppe: Wandlung, Übergang …

T von *Tal* bis *Turm*

TAL: Tiefpunkt, Krise und Wendepunkt. Je nach Gestalt des Tals: Symbol für Enge oder für weiblichen Schoß. Teil des Lebensweges im Traum: Über Berg und Tal.

TANK: Energiereserve.

TANZ / TANZEN / TÄNZER/IN: Mit dem Körper Freude und Leid ausdrücken. Das Leben ist rhythmisch, besonders das weibliche. Neue Lebenssituation.

TASCHE: Gegenstand, der die Identität (Ausweise) oder etwas anderes Wertvolles aufbewahrt.

TAUB: Sie wollen (Unangenehmes) nicht hören und zeigen zu viel oder zu wenig Gehorsam.

TAUBE: Wie alle Vögel ein Sinnbild sowohl der sexuellen als auch der geistigen Höhenflüge. Symbol des Friedens oder aber des Schreckens.

TAUCHEN: Sie erforschen die Tiefen Ihres Seelenlebens oder wollen etwas nicht wahrhaben und tauchen einfach weg.

TAUFE: Lossprechung, Wiedergeburt, Einweihung. Auch: Bewährungsprobe.

TEDDYBÄR: Meist Sehnsucht nach Geborgenheit und Kindlichkeit. Siehe → Bär, → Puppe.

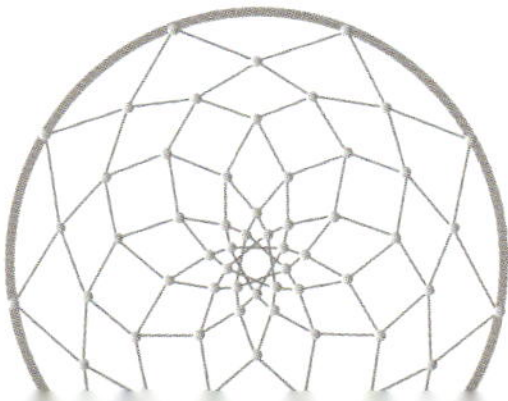

Teich: Siehe → See (Der).

Telefon: Sinnbild für den Kontakt mit der anderen Seite in Ihnen selbst.

Tempel: Heiligtum. Vollkommenheit. Frieden mit »Gott und der Welt«, Sie finden zu der Mitte Ihres Wesens.

Terrorist: Rebellischer, trotziger Persönlichkeitsanteil, der zu sehr oder zu wenig ausgelebt wird. Grenzgänger (Borderliner).

Teufel: Unterschwelliges tritt über die Schwelle. Unerbittlichkeit.

Tier: Das Tierische und Triebhafte des Menschen. Tiere in freier Wildbahn: Ungezwungenheit und Freisein von verbietenden, »elterlichen« Geboten.

Tiger: Das abgelehnte »Böse« in Ihnen selbst oder in der Welt. »Die Schwiegermutter.« »Tiger im Tank.«

Tisch: Mahlzeit. »Reinen Tisch machen.« Gemeinsam oder getrennt bei »Tisch und Bett«.

Tochter: Das kreative Weibliche, das noch viele Möglichkeiten zu entwickeln hat. Mond.

Tod / töten: Träumen Menschen von ihrem Tod, ist damit fast nie der bevorstehende körperliche Tod gemeint, sondern die Notwendigkeit, sein Leben zu ändern und alte Lebenshaltungen absterben zu lassen.

Toilette: Ort der intimen Verrichtungen. Der Träumer soll lernen, sein Selbst anzunehmen und zu zeigen.

Töpfer/in: Den Stoff des Lebens formen.

Tote/r: Früher sind Totenträume häufig gewesen, heute sind sie relativ selten. Das Land der Toten ist das Unbewusste, wo der Schatten herrscht.

Tränen: Das Wasser des Lebens kann fließen. Ein Zeichen der Lösung und der Verarbeitung.

Traube: Fruchtbarkeit des Lebens und Freude.

Treppe / Wendeltreppe: Wandlung und Übergang.

Tulpe: Frauentraum, bei Männern selten. Bei allen Blumensymbolen im Traum schwingen sexuelle Bedeutungen mit.

Turm: Häufiges Penissymbol, besonders in Frauenträumen. Mehr Überblick ist nötig (Wachturm). Im Turm eingeschlossen zu sein, verweist auf sexuelle Hemmungen bei Frauen (Rapunzel) bzw. auf Hemmungen im Ausleben einer hochentwickelten Sexualität. Elternfigur aus der Sicht des Kindes. Siehe → Hochhaus.

Traumsymbol Uhr: Zeit, Schicksal …

U von *Ufer* bis *Urwald*

Ufer: Bild des Verstandes (im Gegensatz zu Wasser: das Gefühl), der das Gefühl leitet.

Uhr: Mandala und Schicksalssymbol. Zeit.

Umweltverschmutzung: Innere Beschäftigung mit realen Problemen und Aufgaben des Alltags. »Innere Umweltverschmutzung«, d. h. seelische Belastungen und Unklarheiten. Wunsch, Umwelt nach eigenen Interessen zu gestalten.

Umzug: Sinnbild für innere, seelische Veränderung. Oft von chaotischen Traumbildern, aber befreienden Gefühlen begleitet.

Unbekannte/r: Meist verbirgt sich Ihre eigene unbekannte Seite, Ihr Schatten, dahinter.

Unfall: Verarbeitung eines realen Unfalls. Möglicherweise Warnung, Schutztraum. Seelisches Unglück wird Ihnen bewusst oder wird als Unfall oder Schicksalsschlag behandelt, d. h. Ihrer eigenen Verantwortung enthoben.

Ungeheuer: Fabelwesen, wie z. B. Drachen und Meeresungeheuer, deuten auf Gewissenskonflikte hin, die zu Persönlichkeitsstörungen führen können. Sie sollten therapeutische Hilfe aufsuchen, wenn diese Bilder öfter vorkommen und mit großer Angst verbunden sind.

Uniform: Autorität, Macht und Ordnung.

Unkraut: Belastendes, das die Seele bewuchert. Ungelöste Abhängigkeitskonflikte. Auch: Befreiung aus Routine und Erstarrung.

Unordnung: Chaos, aus dem alles hervorgehen kann. Eine Aufforderung, das Leben neu zu ordnen.

Unterirdisch: Das Reich des Unbewussten.

Unterleib: Sexualität, Vitalität, das »Animalische«.

Urin: Ausscheidung, Filterung des → Wassers. Oft Hinweis auf sexuelle oder familiäre Spannungen. Aber auch: Symbol der Selbstheilungskräfte.

Urteil: Es geht um Ihre Meinung in einer wichtigen Angelegenheit und um Gerechtigkeit.

Urwald: Symbol starker Lebenskraft, aber auch der Gefahr, den Trieben zu erliegen.

V von *Vampir* bis *Vulkanausbruch*

Traumsymbol Vulkan: Eifersucht, Energie …

Vampir: Personifizierte Ruhelosigkeit und Unzufriedenheit. Emotional ausgeblutet sein.

Vase: Gefühle, die Sie oft verwirren. Leben Sie (mehr) die fordernde Seite Ihrer Sexualität aus.

Vater: Vermittler der Lebensgesetze. Der tatsächliche Vater. Oder Symbol für die eigene Verantwortung. Auch väterliches Prinzip: Logos, Bewusstwerden, Verstandesseite. Siehe → Chef, → Lehrer, → König.

Verfolgung: Häufiges Traumbild. Verdrängtes drängt sich wieder auf.

Verirren: Symbol der Suche nach dem richtigen Weg in Situationen innerer Verwirrung.

Verlegenheit: Sie können sich nicht mitteilen und sollten Ihre Bedürfnisse deutlicher ausdrücken. Sie haben einen Teil von sich verlegt bzw. weggelegt (Sie leben ihn nicht aus).

Verletzung: Siehe → Wunde.

Verlust: Angst vor einer Trennung. Verlust deutet auf das Gegenteil von Lust hin, d. h. es geht um die Lust, sie will wiedergewonnen werden.

Verspätung: Wenn sich der Träumer verspätet, will er eigentlich nicht ankommen. Er hat noch nicht den Mut zu sagen: »Ich werde meinen eigenen Weg gehen.« Oder ihm fehlt die Erlaubnis, sich etwas zu gönnen, so dass er eine wichtige Angelegenheit verpasst.

Verwandlung: Reifung durch Wandlung oder »Häutung«. Dramaturgisches Mittel im Traum, das zu Überraschungseffekten führen und die Erkenntnis fördern kann.

Verwandte: Wenn Verwandte in Träumen sehr häufig vorkommen, weist das auf ungelöste Konflikte mit ihnen hin. Möglicherweise stellen sie im Traum jedoch eigene seelische Eigenschaften des Träumenden dar.

Vier: Ganzheitssymbol, vier Himmelsrichtungen, Temperamente, Jahreszeiten usw. Suche nach Vollständigkeit.

Violett: Grenzerfahrung, am Rande des Unsichtbaren, des Ultravioletts.

Vogel: Geistige Inhalte. Liebe, Eros, Weisheit, Spleen.

Vorgesetzte/r: Das Abbild der eigenen Vorsätze und das, was das Leben einem vorsetzt, d. h. zur Aufgabe macht.

Vulkan: Weibliches Sexualsymbol – Vagina.

Vulkanausbruch: Aufgestauter Ärger, Eifersucht, Jähzorn. Streßabbau. Tiefgreifende, seelische Veränderung. Enorme Energie.

Traumsymbol Wüste: Trockenheit, Leere …

W von *Waage* bis *Wüste*

Waage: Urteilskraft. Das eigene Gewicht, persönliche Geltung und Bedeutung.

Wächter: Die eigene Abwehr und Disziplin, Aufmerksamkeit und Einsicht.

Wade: Standfestigkeit und Gewissen.

Wagen: Siehe → Auto.

Wald: Häufigstes Traumsymbol des Unbewussten.

Waldsterben: Oft ein Hinweis darauf, dass die Beziehung zur eigenen Lebensgrundlage, nämlich dem Unbewussten, gestört ist.

Wand: Mauern dienen der Ein-und Abgrenzung. Sie geben Halt und Schutz. Sie können innere Konflikte offenbaren oder verbergen.

Wanze: Zudringlich erlebte Elternfigur. Oder aber: Verwahrlosung, fehlende Eltern und Selbstsorge.

Warenhaus: Ort der Lebensfülle, die sich einem bietet.

Warnung: Auch Traumwarnungen sollten Sie ernst nehmen und nach Lage der Dinge befolgen oder zurückweisen.

Warzen: Hexensymbol. Siehe → Hexe.

Wäsche: Intimität.

Waschen: Symbol der seelischen (!) Reinigung.

Waschküche: Unreines wird gewaschen.

Waschmaschine: Wandlung, Reinigung, Erneuerung. Abfluss der Waschmaschine verstopft: Die Seelenreinigung ist blockiert.

Wasser: Seele, Gefühl. Verlangen. Glaube.

Wechseljahre: Frauentraum, der auf die Wechseljahre oder allgemein auf langfristige (körperliche) Veränderungen hinweist. Die Lebensmitte.

Weg: Wie Straße ein häufiges Symbol des Lebenswegs. Etwas bewegen.

Wegweiser: Orientierung ist vorhanden.

Weihnachten: Familiengeheimnisse. Kindheitsträume. Spiegel bzw. Brennpunkt der Wünsche, Ängste und Hoffnungen.

Weihnachtsbaum: Oft Symbol für vergangene Kindheit.

Weiss: Anfangszustand, Vollendung oder Heilung. Blendung durch den Geist. Gespenster. Geistiges Neuland. Reinheit, Unschuld. Unpersönlichkeit, fehlende Eigenschaften.

Welle: Wasser. Rhythmus. Siehe → See (Der / Die).

Weltenschlange: Die Schlange, die sich selbst in den Schwanz beißt: O(u)roboros. Stagnation, Wiederholung. Oder: Tor in eine neue Realität.

Weltraum: Das geistige Umfeld des Träumers.

Werkstatt: Ort der seelischen, emotionalen, spirituellen und libidinösen Arbeit, Kreativität und Produktion.

Westen: Untergang der Sonne. Abend. Auch Bezeichnung für Kapitalismus oder Angeberei.

Wetterfahne: Symbol der Launen. Das Wetterwendische im Charakter.

Wettrennen: Bezieht sich fast immer auf Ihre Karriere.

Wiege: Wenn hier kein Kinderwunsch symbolisiert wird, dann zeigt dieses Traumsymbol neue Ideen an. Waage.

Wiese: Eine große Wiese weist auf Wachstum und Freude. Häufiger Ort des Traumgeschehens.

Wilder / Primitiver: Romantisierung des einfachen Lebens. Sie sollten selbst wilder sein und sich über Vorurteile und Vorbehalte bewusst hinwegsetzen, d. h. Sie sollten sich selbst mehr (zu)trauen.

Winter: Emotionale Kälte.

Wirbelsäule: Rückgrat. Die Stütze, die Sie in sich finden, um alles wieder ins Lot zu bringen. Aufrichtigkeit und Zivilcourage.

Wissenschaft: Wunsch nach Wissen und Autonomie.

Wohnung: Ausdruck der Sehnsucht nach einer Beziehung, die Sicherheit und Geborgenheit gibt.

Wolke: Symbol des Bewusstseins des Träumers.

Wunde: Schmerzliche (emotionale) Erfahrung.

Wunder: Sind im Traum »normal« und weisen auf Grenzüberschreitung hin. Sie leben zu starr in eingefahrenen Bahnen.

Wurst: Fleisch. Penissymbol. Vergleiche auch den Ausdruck »Alles Wurst« in der Bedeutung: Es ist alles einerlei.

Wurzel: Erdung und Verwurzelung. Mitgift, Fluch und Verheißung.

Wüste: Materielle oder seelische Trockenheit, Leere, Vereinsamung, Beruhigung. Sehnsucht nach Rückzug. Oder: Wunsch, entdeckt und abgeholt zu werden. Durststrecke, Übergang. Oft Zeichen einer Lebenswende. »Aus der Wüste einen Garten machen«. Die Fähigkeit, allein sein zu können.

Y von *Y-Figur* bis *Yogi*

Y-Figur: Buchstabe. Gabelung, Weichenstellung. Symbol der Trennung und der Vereinigung (von Männlich und Weiblich, Eigenem und Anderem u. a.): »Aus Eins mach Zwei und aus Zwei mach Eins!« Magie. Individualität, Zweisamkeit, Dualität und Einheit.

Yoga: Verweist im Traum zumeist auf einen bewussteren Umgang mit dem eigenen Körper und dem eigenen Leben.

Yogi: Dieses Traumsymbol spricht den Wunderglauben des Menschen in der westlichen Welt an. Ausdruck der Hoffnung, sich über Naturgesetze hinwegsetzen zu können.

Traumsymbol Yoga: Körper, Leben …

Traumsymbol Zug: Energie, Aggression …

Z von *Zahlen* bis *Zypresse*

Zahlen: Verarbeitung konkreter Ereignisse aus dem Tagesgeschehen (Uhrzeiten, Geldbeträge, Mitgliederzahl einer Gruppe usw.). Individuelle Symbolik (Hinweis auf Geburtstag, andere Gedenktage oder persönliche Ziele). Kollektive Symbolik (13 als Tabuzone, 11 regional als Karneval / Fasching; usw.). Siehe → Zwei, →Drei, →Zehn, → Quadrat, → Y-Figur u. a.

Zahlung(sziel): Neben der symbolischen Bedeutung (Energiefluss) können auch reale ökonomische Ängste gemeint sein.

Zähne: Vitalität, Bissigkeit, Verletzlichkeit bzw. körperlicher Verschleiß der / des Träumenden. Symbol der Potenz und des Kinderkriegens.

Zange: Fühlen Sie sich wie in die Zange genommen?

Zauber / Zauberer / Zauberin: Vormals (und auch teilweise noch heute) Bild übernatürlicher Kräfte, die Sie sich wünschen. Persönliche Zauberkraft, die wirkliche Wunder vollbringt und erlebt wird: Eins-Sein mit »Gott und der Welt«

Zehen(spitzen): Verweist aufeine behutsame Vorgehensweise im jetzigen Lebensabschnitt.

Zehn: Neuanfang, nachdem ein Ziel erreicht ist.

Zeit: Der Umgang mit der Zeit ist ein Hinweis auf den Entwicklungsstand der Persönlichkeit.

Zeitung: Oft ein Hinweis darauf, dass Sie sich mehr um die Außenwelt kümmern sollten. Seelische Neuigkeiten. Öffentlichkeit.

Zeuge: Was wir in diesem Traum als Zeuge gesehen haben, das sollen wir ernst nehmen und genau behalten. Im Wortsinne von »zeugen« (erzeugen) sind Sie produktiv und fühlen sich eventuell selbst als Urheber.

Zeugnis: Ausdruck von alten Versagensängsten bzw. Leistungen.

Ziel: Deutet auf zielgerichtetes Verhalten hin oder auf den notwendigen Abstand (Distanz).

Zimmer: Seelenraum, der Raum im Inneren des Träumers.

Zirkel: Sie laufen im Kreis, drehen sich im Kreis, aber ebenso Zeichen der Vollendung wie → Mandala.

Zirkus: Traditionelles Gegenbild zum Alltag und zur Normalität.

Zoo(logischer Garten): Betrachtung der eigenen tierischen Seiten.

Zopf: Alte Zöpfe sollten abgeschnitten werden. Bild der Zähmung oder Reifung.

Zucker: Ist im Traum meist nicht süß, obwohl Sie sich mit ihm das Leben versüßen möchten. Siehe → Schokolade.

Zug: Energie-und Aggressionssymbol. Angst vor einem Zug: Selbst zum Zug werden, sich mit den Eigenschaften eines Zuges identifizieren.

Zukunft: Der Traum will oft wirklich vorhersagen, wenn er in der Zukunft spielt. Hier können Sie Ihre Ahnungen, Befürchtungen und Erwartungen für die Zukunft bewusst erleben.

Zunge: Sprache, Kommunikation, der Dolmetsch des Menschen. Die Zunge verweist auch auf die Ehrlichkeit der Kommunikation.

Zwang: Ein sehr wichtiges Traumbild, das Ihnen oft die eigenen inneren oder äußeren Zwänge deutlich vor Augen hält. Sollten Sie sich mehr durchsetzen und mehr Macht und Stärke zeigen, oder sollten Sie die Dinge und Situationen nicht erzwingen?

Zwei: Gegensätze und Ergänzungen. Verdoppelung: Die andere Seite tritt in Erscheinung. Annahme von Schattenseiten. Auch: Was doppelt erlebt wird, verlässt die spontane Erfahrung und wird ins Bewusstsein gehoben.

Zweig: Wachstum und Gedeihen. Sexualsymbol.

Zwerg: Märchenwesen. Helfer der Menschen. Symbol des Kindhaften, des Un-Scheinbaren und Unsichtbaren. Auch: Minderwertigkeitsgefühle.

Zypresse: Ferienerinnerung. Schlankheit, Anmut. Pilgerweg.

Nachwort

Gelebte Träume sind die besten Träume – wenn man es schafft, Alpträume und sonstige schlimme Träume zu erkennen und loszulassen sowie gute Träume und Visionen zu verstehen und wahr zu machen.

In früheren Generationen mussten die meisten Menschen den größten Teil ihrer Lebenszeit damit verbringen, den Lebensunterhalt zu sichern. Zumindest in einem Teil der Welt ist das heute nicht mehr der Fall: Für das Notwendige zum Lebensunterhalt reicht eine ziemlich kurze Arbeitszeit.

Wir haben heute viel Freizeit. Wie wollen wir diese sinnvoll gestalten, wenn wir unsere Träume nicht kennen? Wenn wir nicht wieder den Weg zur Natur finden? Und gibt es Natur nicht auch in jedem Menschen? Für mich ist es jedenfalls eine Stärke der Träume, dass sie uns mit unserer inneren Natur und mit unseren wahren Lebenszielen in Verbindung bringen.

Ich danke meiner Familie, die die Entstehung dieses Buches mit Rat und Tat begleitet hat.

Ein Hinweis: Mehr zu den Bildern in diesem Buch und zu deren Hintergründen erfahren Sie auf den folgenden Seiten.

Literaturhinweise

BÜHLER, Charlotte: »Wenn das Leben gelingen soll.« Psychologische Studien über Lebenserwartungen und Lebensergebnisse. München 1972
DIECKMANN, Hans: »Träume als Sprache der Seele. Einführung in die Traumdeutung C. G. Jungs«. Krummwisch b. Kiel 2000
DUERR, Hans-Peter: »Traumzeit. Über die Grenze zwischen Wildnis und Zivilisation«. Frankfurt a. M. 1978
FREUD, Sigmund: »Die Traumdeutung«. Verschiedene Ausgaben.
FREUD, Sigmund: »Selbstdarstellung«. Schriften zur Geschichte der Psychoanalyse. Frankfurt a. M. 1971
FROMM, Erich: »Märchen, Mythen, Träume. Eine Einführung in das Verständnis einer vergessenen Sprache«. Reinbek 1981
JACOBI, Jolande: »Die Psychologie von C. G. Jung«. Olten 1971, Frankfurt a. M. 1978
JAFFÉ, Aniela (JUNG, C. G.): »Erinnerungen, Träume, Gedanken von C. G. Jung«. Olten, Freiburg, 2. Aufl.1984
JUNG, C. G.: »Traum und Traumdeutung«. München 1990, darin v. a. Jungs Aufsatz von 1961 »Symbole und Traumdeutung«, S. 7–87
HETMANN, Frederik: »Büffelfrau und Wolfsmann. Märchen, Mythen und Legenden der nordamerikanischen Indianer«. Krummwisch b. Kiel 2001
HETMANN, Frederik: »Das Indianerlexikon. Die Welt der ersten Amerikaner von A bis Z«. Krummwisch b. Kiel 2001
MARCUSE, Ludwig: »Sigmund Freud. Das Geheimnis Mensch«. Zürich 1972, München 1982
MAGIN, Ulrich: »Ausflüge in die Anderswelt. Rätselhafte Phänomene«. Krummwisch b. Kiel 2000
NEUMANN, Erich: »Ursprungsgeschichte des Bewusstseins«. Frankfurt a. M. 1984
VOLLMAR, Klausbernd: »Handbuch der Traum-Symbole«. Krummwisch b. Kiel, verschiedene Ausgaben
VOLLMAR, Klausbernd: »Das Buch der Traumdeutung« (vormals: »Ratgeber Traum«). Krummwisch b. Kiel, verschiedene Ausgaben
VOLLMAR, Klausbernd / FIEBIG, Johannes: »Traum und Traumdeutung – erleben und verstehen«. Krummwisch b. Kiel, 2. Aufl. 2002
XOKONOSCHTLETL, Gomora: »Was der Wind uns singt. Indianische Weisheiten«. München 1996
XOKONOSCHTLETL, Gomora: »Unser einziger Gott ist die Erde«. Braunschweig 1996

Bildquellen

Seite 1: Traumfänger (aus Verlagsarchiv)
Seiten 5/93: Federn: Pybalo (Pablo Ybalo) / Wikipedia und stilisierter Traumfänger: Hermann Betken
Seite 6: Traumfänger: Lars Koch / fotolia.com
Seite 10: Sitting Bull: Porträt von 1885 fotografiert von David Frances Barry (1854–1934) / Wikipedia
Seite 17: Mondlicht © Ruta Saulyte / fotolia.com
Seite 21: »A Dream of Crime & Punishment« (1847): Grandville (1803–1847)
Seite 25: Bahnhof Köln-Bonn Airport © tobias_s / fotolia.com
Seite 31: Lächelnder Clown © Route66Photography / fotolia.com
Seite 33: Dachboden © Kay Horn / fotolia.com
Seite 35: Eiszapfen eines eingefrorenen Wasserfalls in der Partnachklamm im oberbayerischen Garmisch-Partenkirchen: Richard Bartz / Wikipedia (Exzellente Bilder)
Seite 37: Feuer und Rauch: Antje Betken
Seite 43: Triticum aestivum L. subsp. aestivum, »Rouge du Roc«: Jebulon / Wikipedia
Seite 45: Himbeeren © Cemanoliso / fotolia.com
Seite 50: 12 mm großes Männchen der Art »Gewürfelte Tanzfliege« (Empis tesselata): André Karwath / Wikipedia (Exzellente Bilder)
Seite 51: Jahrmarkt © Katja Jentschura / fotolia.com
Seite 53: Kirschblüte: Hermann Betken
Seite 59: Leuchtturm Falshöft: Hermann Betken
Seite 63: Vollmondnacht: Hermann Betken
Seite 67: Mittelalterliche Halloween-Szene © Zacarias da Mata / fotolia.com
Seite 68: Im Olivenhain © luc gillet / fotolia.com
Seite 69: Eine Palme am Strand des Indischen Ozeans, Malediven © Malbert / fotolia.com
Seite 71: Eruption des Geysirs Strokkur: Andreas Tille / Wikipedia
Seite 73: Burgruine © Vasilets / fotolia.com
Seite 75: Schwanenpaar: Hermann Betken
Seite 81: Wendeltreppe im Leuchturm © ccdevice / fotolia.com
Seite 83: Stunde und Minute © fotoflash / fotolia.com
Seite 85: Etwa 100 m hohe Eruption des Stromboli: Wolfgang Beyer / Wikipedia (Exzellente Bilder)
Seite 87: Der Spiegel: M. Osterrieder /digitalstock.de
Seite 90: Rosenblüten © rebvt / fotolia.com
Seite 91: Zug © mastert / fotolia.com

»Liebe · Glück · Erfolg« – Bestseller à la Carte

Johannes Fiebig/
Evelin Bürger
Tarot – Liebe, Glück, Erfolg
Set Sonderausgabe: Buch PB, durchgängig farbig, 96 S. + 78 Tarot-Karten von A. E. Waite im Miniformat,
ISBN 978-3-89875-754-6
Buch: ISBN 978-3-89875-830-7

Johannes Fiebig/
Evelin Bürger
Crowley Tarot – Liebe, Glück, Erfolg
Set Sonderausgabe: Buch PB, durchgängig farbig, 96 S. + 78 Tarot-Karten von A. Crowley in Pocketgröße,
ISBN 978-3-89875-777-5
Buch: ISBN 978-3-89875-802-4

Harald Jösten
Lenormand – Liebe, Glück, Erfolg
Set Sonderausgabe: Buch PB, durchgängig farbig, 96 S. + 36 Lenormand-Karten mit Versen,
ISBN 978-3-89875-778-2
Buch: ISBN 978-3-89875-803-1

Pia Schneider
Kipper Orakel-Karten – Liebe, Glück, Erfolg
Set Sonderausgabe: Buch PB, durchgängig farbig, 96 S. + 36 Kipper-Karten, ISBN 978-3-89875-857-4
Buch: ISBN 978-3-89875-864-2

Kirsten Kretschmer/ROE
Zigeuner Orakel – Liebe, Glück, Erfolg
Set Sonderausgabe: Buch PB, durchgängig farbig, 96 S. + 36 Zigeuner-Orakelkarten, ISBN 978-3-89875-878-9
Buch: ISBN 978-3-89875-879-6